Quand j'étais flic...

Du même auteur :

Le sale boulot. Confessions d'un flic à la dérive,
Michalon, 2014

Un mauvais flic. Lettre ouverte à Manuel Valls,
Michalon, 2014

© 2015, Fauves Éditions
9, rue de l'École-Polytechnique – 75005 Paris
www.fauves-editions.fr
ISBN : 979-10-302-0008-9

Marc
La Mola

Quand j'étais flic...

FAUVES
ÉDITIONS

À Alexandra, Guillaume
et Chiara...

Des pages noircies
en guise d'explication.

Prologue

« Un jour il faudra que je vous raconte
tout ce que j'ai été obligé d'inventer
pour faire mon métier de flic convenablement. »

Lino Ventura, alias Verjeat
Adieu poulet (1975).

Moi, Marc La Mola, flic démissionnaire, je vais vous raconter mes années passées au sein de la police nationale.
J'ai besoin de le faire pour peut-être expliquer ce que j'ai été et pourquoi je l'ai été.
J'ai encore besoin d'expliquer pourquoi j'ai voulu que cela cesse.
Après presque trente années passées au chevet de notre société, j'ai mis un terme prématurément à ma carrière.
J'ai tout vu ou presque de ce que l'homme était capable de faire, il n'a pas de limite dans le sordide, dans le mal.
L'homme est-il bon ?

Je l'ai cru mais j'avoue ne plus le penser.

Ai-je été un bon flic, ai-je été un flic efficace… ?

Est-ce bien à moi de répondre à cela ?

Je pense même que je ne suis pas apte à le faire, pas capable de le faire, tant mon raisonnement est faussé par les « saloperies » que j'ai côtoyées durant ce tiers de siècle.

Et pourtant j'ai voulu être là, j'ai tant désiré être un flic, tant espéré le rester.

Je revois ces années, je les vois défiler dans mon crâne et je ne parviens pas à stopper ces images pour dire quand et comment le mal a commencé, quand mes méthodes me mettaient en danger.

Je ne peux me souvenir avec précision quand j'ai commencé à douter, quand j'ai ressenti que je ne parvenais plus à être au service de la société autrement qu'en bricolant mon métier ou en inventant des façons de travailler que peu de gens peuvent imaginer.

J'ai reçu des coups, j'en ai donné.

J'ai tiré des coups de feu, j'ai pris des risques insensés, j'ai conduit à des vitesses folles pour tenter d'attraper des voyous qui ne respectaient aucune règle et j'ai avancé dans l'ombre sans savoir où aller me poser, sans savoir où me reposer.

J'ai blessé les femmes qui m'ont accompagné, j'ai oublié d'élever mes enfants et j'ai parfois oublié que j'existais pour donner à cette société tout ce que je pouvais lui offrir, mais en ne respectant que très peu les codes et les règles établis.

Je revois ces images cheminer, je les vois passer à une vitesse folle et je stoppe ce défilé sur les moments forts de ma carrière.

J'ai été flic, flic de BAC et c'est de cette partie de ma vie professionnelle dont je vais vous parler, que je souhaite relater tant elle est étrange.

Parler, écrire pour apporter une réponse aux questions que les non-initiés se posent mais aussi répondre aux questions qui me hantent depuis tout ce temps.

Que se passait-il dans ma tête ?

Pourquoi ai-je été aussi fier d'appartenir à cette unité ?

Pourquoi ai-je tout délaissé pour mes collègues et mon métier ?

Pourquoi ai-je été un tel policier ?

Ces moments de vie, ces moments d'une intensité rare, je vais essayer de vous les faire partager. Je vais essayer de vous faire entrer dans mon crâne pour y voir et y comprendre ce qu'il s'y passait.

Mais la tâche est ardue car comment faire pour parvenir à expliquer que l'on puisse ressentir un sentiment de toute puissance, un sentiment d'invulnérabilité ?

Comment arriver à vous dire pourquoi j'ai été comme cela, pourquoi j'ai pensé que mes actes étaient les seules et uniques méthodes à adopter alors que l'ensemble de la hiérarchie et la société les condamnaient ?

Mais comment peut-on en arriver là… ?

M'ont-ils utilisé… ?

Ai-je servi autre chose que la société… ?

Me suis-je sali à être ce que j'ai été…?

Ces questions tournent dans ma tête et je me dois d'y répondre à travers ces quelques pages que je vais griffonner.

Je ne sais pas par où commencer, je ne sais plus par quel bout prendre mes années de BAC pour démontrer que ce qu'il se passait alors dans ma tête n'était que le résultat d'une espèce d'alchimie faite de besoin de reconnaissance et d'amitié.

Une alchimie faite du bien mêlé au mal, un mélange de blanc et de noir, pour ne plus parvenir à déterminer quelle partie du yin et du yang était celle à laquelle j'appartenais.

Un complexe mélange d'obligations et de services, un savant mélange de tout et de rien…

Doit-on utiliser toutes les méthodes pour être un flic efficace?

Peut-on franchir cette ligne pour être bon?

Dans une carrière de flic, la tentation n'existe pas uniquement lorsqu'il palpe de l'argent, elle est omniprésente lorsqu'il se donne pour impératif d'être efficace.

Alors il va s'octroyer des méthodes, des façons d'être, qui vont influencer même sa vie personnelle.

Le flic se moque bien de l'argent, il ne pense qu'à interpeller les voyous. Le flic se moque bien du regard de la société puisqu'il pense qu'il lui est acquis.

Le flic utilisera des méthodes bien plus dures et efficaces contre les voyous s'il a décidé de les interpeller et dans ce domaine. Vous ne pouvez pas imaginer jusqu'où il peut aller, jusqu'où j'ai pu aller!

J'ai été longtemps persuadé que je ne pouvais pas «tomber», que mes façons d'être et de travailler ne pouvaient être remises en cause.

J'ai trop longtemps cru que j'étais intouchable avant de comprendre que j'avais franchi depuis si longtemps cette satanée ligne blanche virtuelle qui nous séparait de la légalité.

Je n'ai rien volé... Mais j'ai été, à ma manière, un flic tordu, un flic bancal mais un putain de flic efficace!

Je vous invite à me suivre dans cette intrusion dans mon crâne, dans ce crâne de flic que j'ai été.

Je songe et je m'interroge de nouveau, je pense et je me questionne toujours et encore.

N'ai-je pas été un flic tout simplement?

Je vous laisse le soin de répondre à cette ultime question.

La nuit

À Airelle 60.

Je viens de quitter cette maison de l'arrière-pays provençal, cette demeure que je n'aime pas, que j'ai plaisir à laisser chaque soir pour aller bosser. J'ai claqué la lourde porte de bois pour m'engouffrer dans l'habitacle encore froid et humide de ma voiture qui se dirige lentement vers des lieux infects que pourtant j'affectionne particulièrement.

Je déteste mon domicile mais j'aime ces endroits dans lesquels je vis la plupart du temps. Ces rues sombres et crasseuses, ces endroits sordides peuplés de faces cabossées, de visages haineux.

J'aime cette atmosphère, j'adore ces longues nuits d'errance dans ces quartiers où personne ne voudrait vivre, où d'aucun ne souhaiterait traîner.

Les rats, les poubelles oubliées et les individus aux faces très souvent hâlées ponctuent mon quotidien, mes nuitées de travail.

La crasse, la misère et la violence sont mes compagnes. Elles ne quittent pas ce groupe auquel j'appartiens, elle l'accompagne durant ces longues nuits, que je trouve souvent si courtes, que je voudrais tant prolonger pour maintenir les hommes que nous sommes dans un mode de vie que nous avons choisi.

Je n'ai rien, plus rien.

J'ai tout donné, je lui ai tout donné…

Que me reste-t-il ?

Sans elle je ne suis rien, plus rien.

Les kilomètres qui défilent sur mon compteur digital me permettent de me poser les questions, ces fameuses questions auxquelles je ne trouve toujours pas de réponse.

Pourquoi suis-je là, dans cette unité ?

Pourquoi c'est avec eux que je me trouve le mieux ?

Pourquoi je trouve normal et même indispensable de délaisser les miens pour aller rejoindre ces gars, ces mecs gonflés de testostérone ? Ces questions demeurent sans réponse ou plutôt je ne souhaite pas y répondre, je ne veux pas connaître les réponses, pas les reconnaître.

Ma famille n'est pas de mon sang, les femmes qui traversent ma vie ne m'apportent que du plaisir physique, les hommes que je côtoie comptent plus pour moi que ma véritable épouse et ce putain de métier me demande tellement que je lui donne sans compter.

De mon temps, de mon intégrité physique, psychologique aussi. Tout… Je lui donne tout !

Les kilomètres défilent encore et je me rapproche du but, de ce commissariat à l'architecture fade et aux pièces intérieures aveugles. Ces lieux sont moches, bien plus hideux que ma grande maison de campagne mais c'est là que je me sens bien, c'est bien dans ces bureaux dégueulasses que j'aime être, dans ces voitures aux caisses rayées, aux jantes dépourvues d'enjoliveur que j'aime errer.

Pourquoi est-ce ainsi?

Je l'ignore mais je sais qu'il est bon de sentir cette odeur de sueur, de sang et de larmes qui ont marqué tant de fois les murs de cette antre policière.

C'est ici chez moi!

La nuit commence à s'imposer alors que j'immobilise ma caisse à proximité de ce lieu. Je la laisse pour une nuit entière, je l'abandonne pour rejoindre ce qui fait ma vie, ce qui donne un sens à ma vie.

Je m'extirpe de ma voiture en exhibant mon revolver qui quitte rarement ma taille puis le recouvre d'une légère veste de jean bleue. Je viens d'entrer dans la peau du flic de la BAC que je suis!

Avec assurance, je pousse la porte de verre fendue et traverse le petit hall d'accueil dans lequel patientent encore quelques personnes. Les visages sont fermés, les yeux observent mes pas et les grimaces accompagnent mon court trajet qui délaisse ces pauvres âmes à leur sort, à leur attente interminable.

Je lis dans les yeux vides une haine de ce que je suis, un flic!

Les fragrances emplissent mon nez, les bruits agressent mes oreilles et l'insalubrité des locaux me saute aux yeux. Mes sens s'animent mais ne sursautent pas car ces odeurs, bruits et visions me sont si familiers qu'il m'est agréable de les retrouver.

Ils m'ont manqués durant cette journée, ils m'ont fait tant défaut que j'en avais perdu mes repères, mes codes et mes automatismes. Je me sens bien maintenant.

Mon univers nocturne n'est fait que de cela, n'est constitué que de choses sales, de locaux infects et d'affaires difficiles à gérer.

Je rejoins rapidement le petit bureau qui nous est réservé.

À peine plus grand qu'un placard à balais, on s'y entasse à trois pour préparer une nouvelle nuit de labeur.

Rien de bien novateur, aucune décoration n'apporte de la couleur à ces murs gris. Une armoire métallique cabossée par les assauts dévastateurs des coups de poing injustifiés, un minuscule bureau vomissant des dossiers et une minuscule fenêtre qui ne parvient pas à faire entrer autant d'air nécessaire à l'oxygénation des trois hommes de la BAC et à dissiper les odeurs âcres de nos sueurs mélangées.

Des brassards rouges, des clefs de voiture et un flash-ball dont les orifices de ses deux canons juxtaposés semblent regarder les hommes s'affairer occupent le peu de place restante.

Je suis dans mon antre, il me tarde de prendre la route pour déambuler dans ces rues que les gens honnêtes vont déserter dans les minutes qui viennent, ces rues

qui vont accueillir les autres, ceux que le soleil ne voit que rarement, ceux que la nuit ne rejette pas.
Ils nous attendent, ils nous réclament même…

Le soleil est définitivement couché, sa température ne chauffe plus les épaules larges de mes collègues.
Leur démarche, dans cet étroit couloir, est caractéristique de ces flics de la BAC, ces flics qui pensent évoluer en marge de la société ou du moins de la micro-société qu'est la police. Mais ils sont en marge tout simplement, en marge de tout et surtout de leur hiérarchie et même de l'idée que peuvent s'en faire ces citoyens raisonnables, sages et disciplinés.

Je fais partie des leurs. Je suis comme eux, identiques à ce qu'ils pensent, à ceux qu'ils sont devenus.
Je sais que je suis différent des autres, différent dans mes raisonnements, mes propos, mes positions et si différent des autres flics dans mes façons de travailler, d'appréhender les missions qui me sont confiées comme de leur apporter une solution, ma solution.
Je pense, sans jamais en avoir douté, que je suis surpuissant, intouchable. Je suis un « baqueux » !
La police a tant besoin de moi, la société aussi…

Alors je ne doute pas que cette nuit va être encore formidable, je sais que mes collègues qui sont aussi mes amis vont être à mes côtés.
Je sais que nous allons être confrontés à ce que cette ville est capable de générer. Mais j'aime ça putain !

La voiture démarre, son gros moteur ronronne et lance la masse de métal vers des zones sombres, des endroits dangereux dans lesquels on aime être.
Les gueules sont marquées, les visages sont tendus…

Tremblez voyous, la BAC arrive!

Cervicales

À Laurent R.

La nuit s'éternise, elle dure comme une journée sans pain ou plutôt comme une nuit sans interpellation.

Je conduis la grosse voiture et ne sais plus où la mener. Dans un autre quartier, une autre rue que nous n'aurions pas visités ou simplement au garage du commissariat.

On tourne, on vire, on gaspille du carburant en espérant désespérément voir, apercevoir, un voleur, un bandit sur lequel on s'empresserait de sauter.

Rien, rien ne nous donne la motivation de poursuivre cette longue nuitée et j'emprunte, avec regrets, la direction du commissariat.

Pas un mot, pas un bruit même si ce n'est les grincements de notre voiture qui commence à accuser le poids des ans.

Laurent est à mes côtés, il observe malgré tout par la fenêtre la potentielle présence d'un délinquant. Il est vigilant et sa tête effectue de multiples rotations pour voir ce qu'il espère tant. Mais il semble ne plus y croire et le petit matin va pointer son nez pour annoncer que notre patrouille doit prendre fin. Je ne parviens pas à presser la pédale de droite, je n'arrive pas à accélérer ce satané moteur rendu poussif par une sur-utilisation, alors lentement et immanquablement le commissariat se rapproche.

Il va falloir rentrer…

Je jette un regard furtif sur cet ami qui est à mes côtés, un sacré flic!

J'aime me trouver à ses côtés, j'adore travailler avec lui et même faire la fête avec lui.

Je sais que je peux compter sur lui en cas de coup dur et d'ailleurs les nombreuses affaires auxquelles nous avons été confrontés me l'ont prouvé.

C'est à coup de bagarres, de coups de feu et d'inter-pellations difficiles que notre amitié s'est forgée.

C'est au combat, au feu disent les flics, que notre lien s'est renforcé pour devenir une amitié solide, à toute épreuve.

Parfois j'ai envie de le lui dire, de le prendre dans mes bras pour lui prouver qu'il est important pour moi mais ma pudeur et ma connerie de flic m'en empêchent.

Que penserait-il de moi?

Alors je pose de nouveau mon regard sur la route humide et esquisse un sourire que je suis le seul à savoir et je dissimule mon envie de lui avouer que c'est là et dans ces moments-là que je me sens bien.

Les minutes passent et nous conduisent inexorablement vers notre lit. Je n'ai pas envie de rentrer, je n'ai
pas envie d'aller me coucher sans avoir interpellé, sans
avoir une fois de plus effectué un tour de ville. J'espère
encore et toujours le voir, le localiser pour l'interpeller !
Satané voyou… !
Je ralentis et, sans sonder Laurent, je dirige la voiture
dans une résidence bourgeoise de la circonscription.
J'ai coupé les lumières et je ne donne pas de violents
coups d'accélérateur comme pour atténuer les bruits de
la mécanique mais les grincements dus au grand âge de
notre engin annoncent notre arrivée dans les méandres
de la résidence.
Je m'en moque, mon espoir de surprendre un voyou
dépasse l'objectivité, la réalité qui fait notre quotidien
bien minable en somme.
Le premier ralentisseur freine encore plus ma grosse
voiture et provoque une cacophonie de couinements
bien plus audibles que le ronflement du gros moteur.
Je poursuis malgré tout ma route en observant, comme
Laurent, les abords.

La route bifurque légèrement à droite et la symphonie
métallique semble s'apaiser, nous sommes enfin discrets.
L'élan dont nous bénéficions nous permet d'entamer le
léger virage pour nous positionner face à un renfonce-
ment destiné à parquer les voitures.
Elles sont nombreuses et si vulnérables en cette nuit
d'hiver. La pluie, le froid les agressent sans cesse mais
leurs morsures ne parviennent pas à marquer les carros-
series ou à briser leurs vitres. Ceux qui abîment, sous nos

yeux, les caisses de voiture gelées sont bien des hommes munis d'outils.

Ils sont plusieurs et s'affairent sur les portières et les vitres qui cèdent sous les efforts des délinquants.

Un rapide coup d'œil nous permet de constater l'ampleur de leur œuvre, une dizaine de voitures sont cassées et dévalisées.

Les bris de verre et les serrures arrachées jonchent le sol, les objets dérobés sont entassés à la hâte dans leur véhicule stationné à proximité.

Très vite nous sommes près d'eux mais leur rapidité ne nous donne pas le loisir de mettre pied à terre pour tenter de les arrêter. Ils s'engouffrent immédiatement dans leur voiture alors que la nôtre hurle sa colère par un vrombissement de moteur et une reprise du refrain chantonné par les pièces grinçantes.

La voiture des voyous démarre, la nôtre est placée par moi-même derrière eux et la poursuite s'engage.

Nous traversons la résidence à vive allure et chaque passage sur les ralentisseurs fait bondir les automobiles et leurs occupants. Ils roulent vite, très vite, et quittent la résidence pour circuler sur la route nationale. Nous apercevons la présence de quatre hommes malgré le nombre important d'objets volés entassés sur les fauteuils et la plage arrière.

Par intermittence, ils nous observent et leurs visages sont déconfits.

Soudainement réveillé par cette affaire, Laurent est excité et son instinct de flic lui procure une montée d'adrénaline importante. C'est aussi mon cas.

La vitesse augmente et la voiture des fuyards effectue des embardées pour nous empêcher de les dépasser, je dois faire très attention pour éviter les nombreux chocs qu'ils souhaitent nous imposer.

Je garde le cap et ne quitte pas la voiture qui me précède du regard en bouclant ma ceinture de sécurité alors que nous entamons l'autoroute. Laurent s'attache aussi malgré ses multiples gestes et mouvements de colère procurés par cette course poursuite. Il est en folie !

L'autoroute est dégagée, personne n'y circule en cette heure avancée de la nuit. C'est tant mieux, ainsi notre « cavale » ne mettra aucun autre usager en danger.

Les fuyards tentent encore de nous percuter et j'évite par miracle un violent choc dans l'arrière-train de leur véhicule. Ma tension est maintenant à son comble, je crie, je vocifère des tonnes d'insultes et d'insanités à l'attention de ces hommes près à nous tuer pour fuir. Ils sont dangereux !

Laurent n'est évidemment pas en reste et ses insultes fusent maintenant par la fenêtre qu'il vient d'ouvrir. Il est à moitié à l'extérieur de l'auto et hurle à ces voyous de stopper leur folle course. Rien n'y fait, ils accélèrent.

La poursuite ne cesse pas et les renforts auxquels nous avons fait appel tardent à venir nous rejoindre. Il est bientôt quatre heures du matin et les flics, eux aussi, pensent à rentrer chez eux, à rejoindre leurs pénates. Pas les baqueux ! Nous, on est là, sur le terrain, à courir après ces hommes, dans une voiture administrative en piteux état, avec une abnégation sans borne et une envie terrible de les attraper.

Nos appels restent vains… Nous n'aurons pas de renfort !

Par quoi sommes-nous animés ?
Pourquoi cette envie de les interpeller nous dévore-t-elle ?
Pourquoi prenons-nous autant de risques ?

Je ne me suis jamais posé ces questions-là…

Alors je poursuis ma cavale, je poursuis ma mission de flic de la BAC. Sans réfléchir aux conséquences qu'elle pourrait avoir, sans m'interroger sur les blessures qui pourraient nous être infligées…
J'aime ça et c'est tout !

À bord de notre voiture c'est un vacarme assourdissant qui nous accompagne. Les crépitements de la radio et les hurlements de quelques collègues, brusquement sortis d'une léthargie certaine, pour tenter de nous localiser, se mêlent à nos vociférations. Le régime moteur auquel je contrains notre auto fait aussi retentir un bruit important qui lui aussi se mélange à la gueulante sonnerie de notre deux-tons.
Il fait froid, le vent s'engouffre par la fenêtre ouverte par laquelle Laurent se contorsionne pour invectiver les voyous.
Parfois je freine brutalement et Laurent vient percuter le montant mais ces chocs ne le déstabilisent pas, ne le calment pas. Il gémit un peu et repart à la charge.
Son courage est décuplé par l'envie d'interpeller les hommes qu'il désigne de son bras vengeur.

Mais la cavale devient interminable et les individus prennent de plus en plus de risques pour nous échapper. Ils slaloment entre les quelques voitures éparses et contraignent ces dernières à freiner brutalement puis se placent devant une automobiliste en bloquant brutalement les freins. Le compteur de notre voiture affiche une vitesse de 180 km/h…

La malheureuse manque de percuter l'arrière de la voiture, elle cale et s'immobilise sur l'autoroute. Elle disparaît dans mon rétroviseur dans un nuage de gomme calcinée.

Que faire?

Abandonner la poursuite… Jamais!

Comment faire pour que ces salauds ne mettent plus en danger la vie des automobilistes dont la plupart, à cette heure si matinale, vont travailler?

Je ne vois qu'une solution, celle de mettre fin à cette course-poursuite par des coups de feu dans les pneumatiques de la voiture des délinquants.

Il s'agit de la sécurité des usagers de la route et de la nôtre aussi.

Je sais que cet acte peut avoir des conséquences lourdes mais il faut les stopper.

Alors je m'adresse à Laurent: «Laurent…! Tire! Éclate-leur les pneus, ils vont tuer quelqu'un! »

Son regard rapide croise le mien et il empoigne son arme. Son geste paraît lent mais il est d'une rapidité stupéfiante.

Sans viser, mais avec le professionnalisme d'un baqueux, Laurent fait feu à deux reprises dans les pneumatiques de la voiture.

Le claquement des tirs emplit l'habitacle et l'odeur de la poudre pénètre avec force dans mon nez.

Les ogives de métal percutent le bitume sans atteindre la gomme, la voiture se stabilise après avoir fait un violent écart comme pour éviter les projectiles.

Je fais une grimace et reste concentré sur la conduite. Les hommes ont entendu les coups de feu et on rentré leur tête, ils n'ont pas stoppé leur progression. Ils accélèrent !

Alors que nous flirtons avec les 200 km/h, la voiture des fuyards emprunte une sortie d'autoroute. Je souris et :

« putain les cons ! Ils sortent... Y a un péage ! Y a une barrière ! »

Laurent croise de nouveau mon regard, il reprend place dans le siège et alimente son barillet de revolver pour remplacer les deux balles tirées.

Je reste concentré sur la poursuite et m'inquiète maintenant de connaître leurs attitudes face à la barrière de péage.

Très vite ils font face à la ligne de péage et, sans ralentir leur allure, ils s'engouffrent dans un passage et défoncent la barrière rouge et blanche obstruant symboliquement la voie. Une jeune hôtesse, bien planquée dans sa guérite, lâche un hurlement qui aurait provoqué, si la situation n'était pas aussi grave, notre hilarité.

Les morceaux de plastique de la barrière retombent en pluie sur notre capot, notre deux-tons hurle encore et le son est amplifié à notre passage devant l'hôtesse pétrifiée.

Je viens de réaliser que j'ai passé le péage à plus de 120 km/h…

Devant nous, la voiture des voleurs fait un nouvel écart et vient percuter, sur la bas-côté de la chaussée, un cône de LUBEC de grande taille qui vient se loger sous le châssis. L'objet reste plaqué à la voiture et sa masse parvient à déstabiliser la voiture folle.

La vitesse n'a malgré tout pas diminué, les voyous tentent toujours de fuir et ce n'est pas cet accessoire autoroutier qui va les en empêcher. Les coups de feu ne les ont pas stoppés, j'ai du mal à croire qu'un morceau de plastique conique y parvienne. Néanmoins le chauffeur a du mal à conserver une trajectoire rectiligne, le cône lui impose des embardées fréquentes et brutales.

L'intensité de la circulation est plus importante sur cette partie-là de l'autoroute, de nombreux camions l'empruntent pour se rendre en Espagne et leur vitesse, accentuée par une portion de descente, est impressionnante.

Malgré cela, la voiture folle se love dans la circulation et tente de trouver un refuge entre deux énormes camions qui annoncent leur arrivée à grands coups de cornes de brume. Je place ma voiture sur le côté droit des fuyards et observe les bandits et leurs visages ravagés par la peur. Laurent les met en joue pour tenter de les impressionner et leur imposer un arrêt total mais la vision du canon ayant pourtant déjà parlé semble ne leur provoquer aucune crainte. Ils poursuivent leur fuite.

Dépassés par un camion, je replace mon véhicule derrière le leur. Ils observent de toutes parts, ils sont inquiets d'être interpellés alors qu'ils circulent à vive allure au milieu d'un flot de «gros-cul» lancés à toute allure et faisant fi de cette minuscule voiture aux vitres embuées, sans ce soucier des risques qu'ils encourent.

Les cornes de brume se joignent au vacarme qui nous accompagne depuis le début de la cavale, c'est assourdissant.

Soudain, alors que les voyous nous précèdent, leur voiture se place en travers de la chaussée. Une embardée, non gérée par ce pilote d'un soir, va sonner le glas de leur folle fuite.

J'anticipe les faits et visionne ce que je vais faire pour tenter d'immobiliser leur voiture et la mienne puis sortir très vite pour les interpeller. Mais ma vitesse est grande et la proximité de leur voiture est minime, je ne peux éviter le choc.

Un grand bruit de métal vient encore s'ajouter à la fanfare que nous subissons et la voiture des fuyards se retourne pour s'immobiliser sur le flanc.

Mais un autre bruit bien plus suspect vient marquer mes tympans c'est celui du crâne de Laurent qui vient percuter le pare-brise de notre voiture qui s'immobilise dans un fracas.

J'arrache ma ceinture et quitte ma voiture pour me retrouver à pieds au milieu de l'autoroute sur laquelle les camions continuent leur course folle. Je n'ai pas peur et d'ailleurs je ne les vois même pas. J'ai abandonné Laurent à son triste sort et j'ignore maintenant où il se trouve.

J'appelle son prénom comme un fou sur ce ruban de bitume alors que le deux-tons crache encore sa mélodie simple et abrutissante. Je cherche du regard mon collègue, mon ami!

Il a quitté l'habitacle en titubant pour se lancer aussi aux trousses des voyous mais le choc l'a marqué, choqué, sonné et est-il encore efficace?

Ne se met-il pas en danger?

J'ai peur pour lui alors que je suis frôlé par un énorme camion circulant à grande vitesse. Je ne pense qu'à lui, lui ce valeureux guerrier qu'un choc violent à la tête n'a pas arrêté.

Putain! Mais où est-il?

Mes cris, mes appels se perdent dans le brouhaha ambiant, mes craintes augmentent mais je n'ai toujours pas peur pour moi.

Je ne songe pas, je ne réfléchis plus. Je ne suis obnubilé que par ces voleurs qu'il faut interpeller et cet ami blessé qui a disparu.

Dans un même temps, je pose mon regard sur la voiture renversée de laquelle un homme tente de s'extraire par le pare-brise arrière brisé. Il rampe, il frétille tel un gardon extrait de son élément naturel et posé nonchalamment sur le gazon. Lui, est posé sur le bitume sale.

Ma colère mêlée à la peur de ne plus voir mon ami m'a soudain transformé en une bête, en un monstre même.

Je porte des bottes de policier d'intervention, leurs extrémités sont coquées et c'est avec ces chaussures que je viens frapper le crâne de cet homme qui nous avait tant fait prendre de risques.

Je ne raisonne plus… Je frappe!

Cet homme incarne à cet instant-là tout ce que je hais, tout ce que je vomis. Il est l'incarnation du mal, le mal qu'ils auraient pu faire aux autres usagers de la route, à mon ami et à…

Pas à moi non!

L'homme est sonné, je l'entrave avec mes menottes et jette un regard vers l'intérieur de la voiture. Un second homme y est prostré.

Nos yeux se croisent et nul besoin de parler pour comprendre ce qu'il va se passer, ce qu'il va endurer. Il le sait…

Je n'ai pas cessé de hurler le prénom de Laurent, je n'ai pas cessé de m'inquiéter pour lui. Je ne sais toujours pas où il est et mon stress va atteindre son paroxysme.

Je ne saurais dire pourquoi mais me voilà perché sur le flanc de la voiture. De ce point haut, j'observe les abords avec l'espoir d'y apercevoir Laurent, je ne vois rien. Il fait nuit et les lueurs des phares qui passent très vite n'éclairent que furtivement la chaussée.

Je pleure, des larmes de haine coulent sur mes joues et mon visage est déformé par ce sentiment. Je regarde l'homme qui n'a pas bougé de son coin d'habitacle chamboulé, retourné. Il pleure aussi.

Mais ses larmes ne m'apaisent pas et je chausse la poignée de mon revolver pour le porter en direction de cette chose que je ne considère déjà plus comme un homme. La haine m'empêche de raisonner. Je veux savoir où est Laurent.

Vais-je tirer sur cet homme?

Vais-je le tuer?

S'il avait seulement fallu le faire pour retrouver mon ami, je l'aurais fait mais les ordres que je lui hurle l'oblige à s'exécuter. Alors, lentement, il rampe vers le pare-brise arrière pour rejoindre son camarade déjà interpellé.

Je l'immobilise et le menotte encore à son complice et je hurle à nouveau le prénom de Laurent…

Ce n'est que quelques minutes après qu'il réapparaît. Son visage est marqué et il maintient sa nuque sans se plaindre mais je sais qu'il a mal.

Il m'expliquera qu'il a, malgré tout, quitté la voiture et, dans une course stupide et dangereuse, il est parti en courant derrière les autres voleurs qui prenaient la fuite. Sa démarche était vacillante et son pas incertain, il m'avouera encore que son regard était troublé par la violence du choc qu'il avait subi mais qu'il avait continué à courser les deux hommes.

Il trouvera encore la force de me féliciter pour ma double arrestation…

Je le fixais avec encore plus d'admiration que celle qu'il avait pour moi et mes deux bandits menottés. Je mesurais dans cet homme une force bien plus supérieure que celle d'un colosse, une force de l'esprit capable de lui faire faire des choses que je ne pouvais mesurer.

L'aurais-je moi-même fait ?

Il est là, face à moi. Calme et pourtant en souffrance physique. Il est là devant moi et je viens de mesurer dans cette histoire à quel point nous pouvions être stupides d'aimer cela.

À quel point nous pouvions être idiots de ne pas envisager le pire ou mieux encore souhaiter l'affronter.

Les coups de feu, les risques pris au volant avaient été éludés, avaient été oubliés à ce moment-là.

Il est là, face à moi, et je sais que malgré la grosse entorse cervicale qu'il vient de s'occasionner, il sera là demain soir pour une nouvelle nuit...

La balle de golf

À Roland C.

La nuit fut courte, vraiment courte, presque comme si elle n'avait jamais existé. J'ai passé ces huit heures de patrouille avec mes frères d'armes, mes potes de combat. Je compte sur eux comme ils comptent sur moi et je m'interroge, en rajustant mon pantalon qui glisse sous le poids de mon revolver, à cette relation que nous mettons en place chaque nuit, cette liaison qui se construit lentement, au gré des situations périlleuses que nous vivons et qui nous éloignent inéluctablement de la réalité de notre mission.

Je sais que lentement nous devenons fous, ou du moins ne maîtrisons plus les codes de notre vraie mission.

Mais il est bon de se laisser aller à cette folie douce ou plutôt que nous pensons douce, même indispensable.

Vivons-nous dans un monde réel ou notre environnement n'est que virtuel ?

Évoluons-nous dans le même monde que nos collègues en uniforme ou la liberté dont nous bénéficions a profondément vrillé notre discernement, altéré nos visions de la réalité professionnelle.

Mon pantalon vient de se placer convenablement sur ma taille et je dois serrer ma ceinture d'un cran pour l'y maintenir.

Il faut maintenant rentrer, il faut mettre un terme à cette nuitée que je n'ai pas vue passer, que j'aurais tant voulu poursuivre.

J'aurais aimé pouvoir maintenir la lune en repoussant le soleil, pour éviter que ses rayons viennent imposer leur clarté qui sonne le glas de nos nuits. Je n'ai pas envie de les quitter même si je sais que je les reverrai ce soir.

Pensent-ils comme moi?

Les yeux sont cernés, les barbes pointent leur nez et les odeurs de musc que nos corps dégagent, marquent chaque coin de ce minuscule bureau, c'est bientôt irrespirable!

Je laisse le flash-ball tomber sur la moleskine bien ravagée d'un fauteuil non administratif qui a échoué ici sans que personne ne puisse l'expliquer.

L'arme est encore approvisionnée mais le canon basculé, laissant les cartouches éloignées des percuteurs, ne présente aucun risque.

Ou alors nous en ignorons ses dangers, tant ce lanceur de balles de défense fait partie de nos vies, de nos nuits.

J'extrais les deux cartouches pour les déposer au coffre, en attente d'une nuit prochaine et comme pour faire durer le plaisir de cette patrouille que je refuse de terminer, je retire l'une des deux balles en caoutchouc pour l'utiliser comme un jeu dans ce bureau dévasté.

La balle de jokari rebondit sur les murs avant de s'immobiliser sur le haut d'une armoire métallique dans une épaisse couche de poussière qu'aucun plumeau ou aspirateur n'est venu déranger.

– Voilà…!!! Comment on fait maintenant? demande Lionel en mêlant un sourire à une grimace de mécontentement.

– Je vais aller la chercher mon poulet! lui dis-je.

Je ne sais encore pourquoi mais sur l'unique bureau traîne, depuis des mois, une balle de golf.

Mon humeur est à la rigolade et je saisis cette balle blanche dont la densité n'a rien d'égale avec celle du flash-ball. En plaisantant, je la présente devant l'orifice de la cartouche et réalise avec étonnement que le diamètre est identique à la balle de jokari.

Je la place dans ce logement avec une facilité surprenante et interpelle mes collègues, en présentant la cartouche fondamentalement transformée.

– Les gars!

– Merde…! me répond Laurent.

– Avec ça on fait un désastre! Les bagnoles et les cagoulés, on va les niquer! dis-je dans un grand sourire.

C'est donc sur cette trouvaille, qui fait ma fierté soudaine, que nous quittons ce commissariat pour nous glisser sous nos draps de lit.

Je dois avouer que, le soir venu, j'ai vraiment hâte de retrouver mes collègues et ce flash-ball transformé en une arme beaucoup plus efficace que son usage initial. Je ne réalise pas qu'il est seulement plus dangereux et qu'un usage hasardeux de cette arme ainsi bricolée pourrait nous conduire devant les tribunaux sans que quiconque daigne nous apporter son soutien.

Mais avons-nous besoin du soutien des autres, sommes-nous en demande de cela ?

Comment pourrions nous l'être alors que nous sommes persuadés que nous sommes les seuls et les derniers remparts à une délinquance déchaînée ?

Nous sommes seuls et voulons définitivement le rester en pensant que nul ne peut comprendre qui nous sommes et ce que nous sommes devenus !

Des machines, des bêtes à lutter contre un ennemi bien puissant, puisque lui même ne respecte rien ni personne.

C'est dans la voiture de patrouille, loin du commissariat que j'opère une deuxième fois la transformation du projectile.

Exit la balle molle de jokari...

Les sourires et les rires qui fendent nos visages sont proportionnés à notre inconscience d'avoir chamboulé une arme non létale en une arme pouvant abattre un éléphant et étant capable d'immobiliser une automobile refusant notre contrôle.

Pensons-nous être en état de guerre que nos bricolages, pour survivre, nous semblent si évidents ?

Et pourtant nous n'ignorons pas que la convention de Genève règle, même par temps de guerre, l'usage de telle ou telle arme.

De convention nous n'en avons aucune, si ce n'est celle qui nous impose l'arrestation des malfrats.

Je ne mesure qu'aujourd'hui la stupidité de cette métamorphose balistique mais je sais dans quel état d'esprit j'évoluais à cette époque-là.

La patrouille se poursuit dans cette jungle urbaine et aucun d'entre nous ne peut dissimuler son impatience d'être confronté à la situation qui justifiera l'emploi de la balle de golf.

Ce soir je ne suis pas au volant et j'ai tenu à occuper la place du «sac de sable» à l'arrière de la voiture. Je n'ai pas hésité à revendiquer la paternité de l'évolution de notre lanceur de balle de défense et je veux absolument être le premier à l'employer.

Sans vraiment en mesurer les éventuelles conséquences, les potentiels risques de balancer une ogive aussi dure contre des individus même délinquants, je trépigne d'en connaître l'efficacité.

La nuit est bien installée et les immenses cheminées des raffineries voisines crachent leurs fumées versicolores chargées de particules qui viennent égratigner nos gorges et piquer nos yeux.

La voiture murmure et son V6 semble vouloir laisser ses chevaux se défouler sur les routes désertées.

Mais rien ne donne à ces deux centaines de bourrins l'occasion de démontrer leur puissance et leur capacité à propulser notre grosse berline brinquebalante aux trousses de fuyards éventuels.

Et pourtant ce n'est pas la pugnacité de notre équipage qui fait défaut.

Le L.B.D est posé à mes côtés, ma main droite est posée sur sa crosse, parfois elle la tapote.

Après plusieurs heures de patrouille qui n'amènent pas de motif légitime, si tant est qu'il en existe un, à utiliser notre nouvelle cartouche de flash-ball, nous décidons de nous immobiliser dans un lieu stratégique. En effet, ce rond-point du sud de la ville est un passage quasi obligé des voyous en transit à bord de leurs grosses voitures puissantes volées.

De notre position, nous avons une vision large et lointaine sur les cortèges rapides constitués très régulièrement de grosses berlines ou de breaks surpuissants d'une marque allemande aux quatre anneaux entremêlés.

Les bruits des moteurs poussés souvent dans leurs derniers retranchements annoncent, bien avant que nous puissions les apercevoir, les déferlements de ces bolides que rien, vraiment rien, ne parviennent à stopper.

Notre voiture, bien que puissante, ne parvient jamais à tenir la distance. Nous sommes trahis par les amortisseurs, l'état des pneumatiques et le souhait de ne pas casser cet engin que nous affectionnons particulièrement tant il nous différencie des autres flics du département.

Alors les anneaux argentés nous sèment allègrement lorsque nous atteignons l'autoroute mais nous sommes certains d'avoir pallié ces carences grâce à ce que nos cerveaux malades sont parvenus à créer.

Là encore, nos encéphales rendus malsains par ce métier, par cette BAC, nous ordonnent de ne pas lâcher, de ne pas décrocher et ce malgré la supériorité mécanique des véhicules de nos voyous. Alors nous poursuivons ces « chasses » stupides qui génèrent chez nous des montées d'adrénaline nécessaires à notre motivation qui se transforme en inconscience.

Le rond-point est silencieux, seules des détonations provoquées par les grandes cheminées brisent le calme que la nuit veut imposer.

J'ai mis pied à terre et je n'ai pas lâché le flash-ball. J'observe les abords avec le regard d'un éclaireur indien et mes yeux devenus nyctalopes depuis que je travaille la nuit.

Il n'y a pas deux minutes que nous sommes installés là que déjà le bruit d'un énorme moteur à plusieurs cylindres en V hurle sa puissance.

Nos regards se croisent. Je sais ce que j'ai à faire...

Le canon du LBD est fermé dans un claquement que mes deux collègues connaissent tant ils ont manipulé cette arme, du moins dans son ancienne version « soft ». Je me positionne, mes jambes semi-fléchies m'assurent une stabilité parfaite et je tends mes bras devant mon buste en visant approximativement.

Il ne faut que quelques secondes pour que la grosse Audi noire fasse son entrée dans le rond-point. Ses trois occupants portent des cagoules et le conducteur, plutôt le pilote de circonstance, presse la pédale d'accélérateur et propulse son auto déjà à la sortie du rond-point.

J'ai pivoté sur moi-même et, sans hésiter un seul instant, je presse la détente qui déclenche le départ de cette balle de golf. Le bruit est identique à celui de la balle de jokari mais l'impact dans le pare-brise arrière de l'Audi est surprenant. Il vole en éclat et parvenons à réaliser que le projectile est allé encore éclater le pare-brise avant.

L'Audi effectue une embardée mais ne stoppe pas. Après une chute considérable de sa vitesse, le moteur rugit de nouveau et fait disparaître l'auto dans les rues sombres de la ville.

Je suis resté sur place et regarde au loin comme si j'étais persuadé que l'Audi allait s'arrêter.

– Allez monte!! me crie Lionel en plaçant notre voiture administrative à mes côtés.

Je m'exécute et jette nonchalamment le LBD au fond de la banquette arrière comme pour me débarrasser de cette chose que je considère à peine comme dangereuse

– Putain! Tu as éclaté les deux pare-brise… Ils ont freiné ces connards avant de repartir. Tu as dû les toucher! me lance Laurent, tout excité.

Notre voiture circule à vive allure sans vraiment savoir où aller, sans réellement savoir que faire si ce n'est peut-être découvrir l'Audi à l'arrêt.

Il ne faut pas rouler bien longtemps sur cette longue artère, qui mène à l'aéroport, avant d'apercevoir des feux arrières d'une voiture qui semble immobilisée en bord de route.

Nos yeux aguerris reconnaissent les feux de l'Audi.

– Là!!! Elle est là… dit Lionel qui stationne, à une distance suffisante pour conserver notre sécurité, notre voiture au moteur rugissant.

Nous mettons tous trois pied à terre et sortons nos armes de service en oubliant cette fois celle qui avait éclaté les deux baies vitrées de la berline allemande.

Nous progressons lentement vers l'Audi et aucun stress ne m'anime, même pas celui de découvrir un corps inanimé dans cet habitacle ravagé par une simple balle de golf.

Mais la voiture est vide et ce constat me désole quelque part sans que je puisse vraiment l'expliquer. J'hésite entre la joie et la déception…

Ai-je encore un raisonnement normal, digne d'un serviteur de l'État ?

Les environs sont rapidement ratissés de nos regards aiguisés et nous nous rejoignons autour de cette voiture abandonnée, à l'intérieur de laquelle des milliers de morceaux de verre jonchent le sol…

Je n'ai plus de réflexions mais je ne doute pas du bien fondé de mes actes…

Dans quelle spirale est-ce que je vis, dans quelle tourmente j'évolue pour ne pas mesurer l'ampleur de ma connerie ?

Mes yeux se sont fermés au petit matin en attendant, ou peut être en espérant, d'être réveillé par la sonnerie de mon téléphone. Mais j'ai terminé mon repos à 13 h sans être dérangé…

Que sont-ils devenus… ?

La grande bouffe

À André M.

À 20 h, il fait déjà bien nuit en ce dernier jour du mois de décembre. Les températures sont désagréables et la morsure du froid parvient allègrement à traverser la veste de jean que je porte.

Mais mon excitation est malgré tout à son paroxysme, ni le froid, ni la date bien particulière ne me chagrinent et je bouscule mes collègues afin de pouvoir sortir au plus vite.

Le soleil ayant définitivement basculé, il parvient à faire rougir le ciel avant de disparaître pour laisser enfin la nuit faire son œuvre.

Elle va mettre en place sa face sombre, obscure, pour sourire à ceux qui ne vivent qu'à partir de 22 ou 23 heures.

Les rats, les voyous et… les flics!

Moi j'oscille entre chacun d'entre eux, tantôt rat, tantôt voyou mais essentiellement flic.

Mais qu'est-ce qu'un flic, un vrai flic?

Tout sauf un fonctionnaire, tout sauf ce que j'ai refusé d'être. Un flic c'est…

Je n'ose pas encore l'écrire…

La voiture est équipée, les hommes habillés et les armes approvisionnées pour affronter une nouvelle nuitée de difficultés, de pièges qu'il faudra éviter ou tendre peut-être.

Sur quelle rive suis-je?

La grosse voiture sombre s'immobilise près d'une maison de ville à peine excentrée, à peine à l'abri des regards indiscrets et des yeux insistants de collègues envieux de notre liberté, envieux de notre autonomie et de nos «plans».

Nous rejoignons la maison aux fenêtre béantes, malgré le froid, desquelles s'échappe un fumet de nourriture qui emplit nos narines et laisse présager d'un bon moment que nous allons passer autour d'une bonne table.

Demain nous serons à l'an 2000, demain nous serons dans un autre siècle et je fais fi du «bug» supposé et annoncé à grands coups d'articles de journaux et d'expertises d'hurluberlus et autres Paco Rabane dont l'unique but est de prévoir la mort de milliers de personnes et d'effrayer les pauvres bougres dupes de ces débilités.

Mais les experts de cette fin de siècle devront aller se cacher bien vite dès l'aube et se faire oublier. Nous, nous irons nous coucher pour oublier la nuit que nous avons passé loin des nôtres, bien loin de mes enfants et de celle qui partage officiellement mon lit.

Mais j'aime ça, j'aime ces moments-là où je suis près de ces hommes auxquels je suis tant attaché et je ne me pose pas la question de savoir si cela est bien ou pas.

Putain que c'est bon !

J'avance vers la maison…

La porte d'entrée est fermée et nous devons frapper fort pour nous faire entendre, la musique hurle et les occupants de ce domicile semblent avoir omis de nous laisser entrer.

Après quelques sollicitations nous parvenons à nous faire entendre et nos hôtes, déjà éméchés, nous accueillent dans ce domicile que je ne connais pas, auprès de gens que je n'ai jamais vus mais je m'en moque, mes amis sont là, mes frères ne me quittent pas.

Immédiatement, je suis dans l'ambiance et je baise des joues, caresse des mains et rejoins un groupe de jeunes femmes qui squattent devant le buffet.

Je n'ai aucune intention de dissimuler ma fonction, je n'ai pas du tout envie de cacher ce qui se cache sous ma veste, un gilet pare-balles et une arme à la ceinture.

Non pas que ces outils me donnent une importance ou une envergure mais seulement parce que je n'ignore pas que ce groupe de chevelures encore nouées sait qui je suis et ce que je suis, un flic.

Le groupe m'accueille chaleureusement et, après nous être auto-présentés, nous levons notre verre à la santé de ce siècle qui va mourir d'ici quelques heures. Moi j'aimerais tant trinquer à autre chose, à une relation naissante par exemple.

J'ai tout oublié, ma femme, mes enfants, mes parents… Je suis un flic dans toute sa splendeur, un flic d'une BAC et je ne suis que cela.

Est-ce normal d'être là?

Ne devrais-je pas être près des miens?

Je préfère ne pas répondre à cette question que je ne me pose même pas d'ailleurs. Je ne m'interroge pas car je connais la réponse, je ne me torture pas car je suis arrivé à me persuader que ma place était là et seulement là.

Il en faut, disent les civils, il en faut des gens qui travaillent le soir du réveillon, le dimanche et autres nuits mais là, à cet instant, je ne travaille pas, je vais faire la fête.

Mes amis et moi-même sommes les boute-en-train de la soirée. Les jeunes femmes passent dans mes bras, leurs cheveux sont maintenant défaits et je viens d'oublier que je suis marié et que j'ai une maîtresse officielle et tant d'autres occasionnelles.

Vais-je me perdre?

Les flacons se vident, les plats ne conservent plus que des restes de volaille et autres coquilles d'huîtres et moi je déborde de conneries, de gestes, de rires et de mots susurrés tous plus stupides les uns que les autres.

J'ai laissé ma famille mais je suis en famille.

Je mélange tout, je ne comprends plus… C'est bien eux ma famille!

Les douze coups de minuit donnent le coup de grâce aux années 90 et je tourne ma langue dans une bouche alcoolisée d'une jeune femme fascinée par mon métier. Elle me le lâche dans l'oreille mais les décibels qu'elle ne maîtrise plus sont entendus par la moitié des convives. Sa main gauche caresse mon flanc et se pose brutalement sur la crosse de mon revolver.

Je suis flic et c'est ce qu'elle aime. Moi ce que j'aime c'est être là, dans cette situation, avec ses gens et surtout avec les membres de ma vraie famille, ces flics que j'ai perdus de vue dans cette maison immense…

Au loin des pétards explosent, des voitures flambent et des délinquants font aussi la fête à leur manière.

Va falloir y aller, va falloir se frotter à ces voyous et j'aime ça aussi et peut-être encore plus que mêler ma salive à une jeune femme séduite par une crosse de revolver.

Ma vraie vie reprend lorsque le moteur de notre voiture rugit, c'est la vie d'un flic de BAC…

Huit fois

À Lionel G.

Le mois de juillet est sur le point de se terminer, il va laisser le souvenir de températures torrides qui s'entêtent à coller nos chemisettes sur nos peaux sans cesse moites. Mais août sera-t-il moins chaud ?

Au loin la mer ou plutôt l'étang d'eau saumâtre n'est pas remué par le mistral, il persiste à rester au sommet du palmarès des retenues d'eau les plus polluées.

C'est notre top 50 à nous. C'est bien le seul trophée que la ville puisse remporter.

Derrière nous les cités grises et sales, elles culminent au sommet de la précarité, de la misère et du désespoir de voir un jour le quotidien s'améliorer.

Cela fait trente ans que c'est comme ça, pourquoi cela changerait-il ?

Les avions hurlent leur colère à l'envol, les automobiles crient leur désir de transporter les enfants en vacances et les TGV déchirent les tympans pour rejoindre la capitale sous le regard des raffineries qui crachent, elles, silencieusement leurs fumées pestilentielles.

Et, au milieu de tout ça, notre voiture serpente déjà les rues avec l'espoir du prédateur de croquer, de dévorer une proie.

Notre appétit est gargantuesque!

Ce soir c'est moi qui pilote, c'est moi qui ai la lourde charge de trouver les affaires comme l'affirme André, le sage de la BAC.

Les nuits sans bandits sont tristes et André sait comment rendre responsable l'équipage de cette abstinence de voleurs, de casseurs ou autres agresseurs. Alors il a jugé que le chauffeur était à l'origine des interpellations et rien ne peut le faire changer d'avis.

Il est mon maître, il est mon mentor et ce dans bien des domaines aussi variés que surprenants.

Cette nuit, comme à l'accoutumée, il sera à la place du mort et ses grandes moustaches accompagneront ses mimiques, rires et colères.

C'est le grand frère, notre grand frère. Un père presque.

Le soleil persiste, il ne veut pas partir et pourtant il nous tarde tant qu'il aille se planquer, se foutre derrière je ne sais quoi et je ne sais où.

J'aime quand il sifflote son chant mélodieux que seuls les voyous peuvent entendre, ce chant des sirènes auquel ils ne peuvent pas résister et qui les fait sortir pour errer, pour chercher leur pitance ou mettre en place une triste stratégie minutieusement préparée.

Moi je ne l'entends pas, moi j'y reste sourd mais un tout autre chant m'impose de me retrouver dans ces rues grises et mal fréquentées. J'aime être là…

Les échangeurs autoroutiers s'entremêlent comme un vulgaire plat de spaghettis et un énorme AIRBUS s'arrache du sol pour ne plus voir ces nœuds de bitume, de béton et ceux que j'ai dans la tête, lorsque mon attention est attirée par deux voitures que mon instinct de chasseur classe automatiquement dans la catégorie suspecte. Pas besoin de longues analyses, pas besoin de plusieurs minutes d'observation pour savoir que ces deux automobiles vont prendre la fuite à notre approche. Un seul regard suffit.
Être flic c'est ça aussi, c'est sentir des trucs, ressentir des choses que le citoyen lambda ne verra pas, ne suspectera pas et ce sans pouvoir vraiment l'expliquer.

Je n'ai pas besoin de les signaler à mes deux acolytes, ils sont aussi sur leurs gardes et malgré l'humour troupier qui s'est installé dans l'habitacle de notre voiture, je sais qu'ils ont aussi repéré les deux voitures qu'ils savent aussi suspectes.
Plus personne ne parle mais tous trois observent et nos yeux criblent nos cibles, scrutent méthodiquement les environs et le moindre mouvement de ces véhicules.
Mais les deux chauffeurs ont le même instinct que nous, les mêmes automatismes et des réflexes identiques.
Nous nous ressemblons malgré nos dissemblances, ces différences qui s'atténuent jusqu'à ne plus exister lorsque

nous avons décidé d'interpeller en utilisant toutes les méthodes, même les plus illégales.

Sommes-nous encore des flics dans ces moments-là ?

Peu importe, nous y réfléchirons plus tard.

Le chasseur vient de se réveiller et mon gibier veut déjà prendre la fuite.

Alors je fais hurler mon moteur et place ma voiture derrière ces deux gros engins qui soulèvent un énorme nuage de poussière, mêlé à la fumée des échappements. La course-poursuite démarre et nos cinq sens sont subitement réactivés pour endosser cette fonction qui d'ailleurs ne nous quitte jamais. Le goût du sang dans la bouche et le toucher du volant tiennent éveillés ces deux sens qui, à priori, ne devraient pas être sollicités, j'exulte !

Très vite, la voiture qui me précède effectue une embardée pour tenter de nous faire chuter dans le petit contre-bas qui longe la route sur quelques mètres. J'évite le choc mais la brutalité de la manœuvre provoque un long frisson le long de ma colonne vertébrale et une montée de haine, pas forcément justifiée, qui me transforme en flic étrange, hors normes.

Pourquoi respecterais-je des règles alors qu'eux n'en connaissent aucune et n'ont aucun autre désir que celui de nous échapper, non sans nous avoir infligé des désagréments, voire des blessures. Suis-je là pour leur servir d'exutoire ou de punching-ball ?

Dois-je les laisser me nuire ?

Dois-je subir ou leur faire subir la force de la police, de la justice et de ma colère ?

Je suis un loup et non un agneau !

Pourquoi me laisser là avec cette mission, pourquoi m'accorder autant de crédit et pourquoi me pousser sans cesse à être bon, opérationnel et efficace sans prendre en considération mes méthodes de travail, si ce n'est pour couvrir mes débordements, mes loupés et peut-être mes bavures?

Je suis flic pour eux, pour la société et pour... Je ne sais quoi d'ailleurs!

Pour moi peut être, pour trouver ce dont j'ai tant besoin, de la reconnaissance.

Mais la poursuite ne se prête pas à la réflexion, encore moins à la méditation philosophique ou à une quelconque introspection, il faut interpeller!

Pragmatique, concret et réaliste, et surtout vigilant à ce qui pourrait nous arriver, à ce qui pourrait nous être infligé sont les attitudes et les postures à adopter.

Je fonce et, à la deuxième embardée dangereuse évitée, je hurle à André : «Putain Dédé... Tire, merde! Ils vont nous tuer ces cons!»

André ne rétorque pas, il retire son arme de son étui de cuir noir et se positionne, sans aucune hésitation, sur le rebord de la fenêtre et lâche deux coups de feu sur l'un des deux véhicules noirs qui nous précèdent.

Les projectiles percutent la masse de métal et les deux impacts sont immédiatement visibles dans le hayon.

Aucun des deux tirs ne stoppent la voiture folle et, alors que la première vient de disparaître, je presse encore plus la pédale d'accélérateur pour pousser mon automobile contre celle des fuyards. Le contact est léger malgré la vitesse excessive et la poussée propulse les voyous vers le bas-côté que le conducteur parvient à éviter.

Pourquoi poursuivons-nous ces gens? Quelle est l'infraction qui a été commise pour que tant de vitesse, de manque de précautions et de stupidité soient déployés? Je l'ignore mais je poursuis avec une ténacité et une haine incommensurables ces individus que je pense devoir absolument interpeller.

Le centre de la ville est atteint et ce n'est pas la présence de passants, badauds, et même enfants, qui parvient à nous calmer, à calmer ce qui nous anime, que je ne peux toujours pas expliquer et que rien, me semble-t-il, ne peut justifier.
Lionel, assis à l'arrière, dégaine son arme et laisse partir quatre coups de feu en direction de la voiture noire déjà bien impactée.
Les passants doivent bondir et chercher à se cacher mais je ne le réalise pas. Seule la colère et cette putain d'envie de les arrêter m'obsède, m'aveugle même. Je me fous de ce qui se joue sur les côtés, aux abords et derrière moi. Je ne vois qu'eux!
André fait encore usage de son arme à deux reprises lorsque la voiture prend de la vitesse et arrive à mettre une distance importante entre elle et nous. Elle est truffée d'impacts, elle a été touchée à huit reprises...

Mais pourquoi...?

— Allo? Ne pars pas s'il te plaît... On vient de tirer... Huit fois...
Il pose son casque et rejoint son bureau en attendant cet équipage de flics aux méthodes de... voyous!

On rit, on tape nos mains et on se congratule sans douter un seul instant du bien-fondé de nos tirs et de notre bêtise.

Il ne faut pas discuter des heures, quelques minutes suffisent à inventer un mensonge qui pourra expliquer, justifier ces tirs. Une légitime défense approximative...

On est flic, flic de la BAC...

Un autre monde

À Marie-Cécile L.

Je me suis souvent demandé si j'évoluais dans le même monde que les autres, les non flics et même les autres flics.

Je me suis régulièrement interrogé sur ce qui aurait d'ailleurs pu me transporter sur une autre planète, dans un autre monde que celui des flics communs, des fonctionnaires de police.

J'ai d'ailleurs toujours été persuadé de ne pas évoluer dans ce même contexte qu'eux et notamment durant mes années passées à la Brigade Anti-Criminalité.

J'ai toujours su en fait que j'étais un extra-terrestre dans cette police et que je ne pouvais concevoir de pratiquer ce métier qu'à ma manière.

Je n'ai jamais adhéré aux codes, aux règles et à tout ce qui fait de l'homme un agneau docile et respectueux des choses établies. J'ai grandi dans des quartiers où il faut grogner, dans lesquels il faut parfois mordre pour être respecté ou au moins conserver sa place. Est-ce cela qui m'a formaté ?

L'institution policière m'a beaucoup donné, beaucoup apporté jusqu'à ce qu'elle m'impose de devenir un fonctionnaire avec tout ce que cela peut comporter de péjoratif, au moins dans ma bouche ou sous ma plume. Exercer une fonction et plus une mission comme j'avais tant souhaité le faire, subir plutôt qu'imposer aux délinquants, respecter des règles face à des gens qui n'en connaissent aucune et qui ne rêvent que d'une chose, vous voir crever sous le soleil.

Obéir pour rentrer dans les rangs d'une force devenue molle et inadaptée, faire front à des carriéristes et oublier le corporatisme.

La police fut une grande famille, elle n'est aujourd'hui qu'un ramassis d'individualistes ayant délaissé le service public pour ne songer qu'en terme de déroulement de carrière et de primes aux résultats.

Moi, je suis entré dans la police pour être flic et non pour y faire carrière !

Mes années de BAC m'ont enseigné ce qu'était la police et ce qu'elle n'aurait jamais du cesser d'être.

J'ai dérapé, j'ai failli à mes engagements initiaux si tant est que j'en ai souscrit un jour puisque je suis devenu flic pour pouvoir l'exercer comme il me semblait et non comme on a voulu me l'imposer, c'est-à-dire en mettant en place des méthodes parfois illégales pour améliorer la qualité du service public et mon efficacité.

J'ai tant aimé être flic comme cela !

Mes vies se sont croisées, se sont entremêlées pour ne devenir qu'un semblant d'existence, qu'un simulacre de moi car je n'étais moi que dans cette bagnole déglinguée à courir derrière des voleurs. À courir derrière je ne sais quoi d'autres en abandonnant l'essentiel de mon être dont je me souciais peu, je me suis égaré sur une autre planète qui n'existe même pas.

J'ai donc erré dans ce monde virtuel, dans cet autre monde, sans douter un seul instant qu'il n'était pas celui qui me convenait, qu'il n'existait d'ailleurs pas et qu'il aurait pu m'anéantir en une seule nuitée.

Mais je m'y suis senti si bien…

Je me souviens sans aucune difficulté de ces instants de vie, de ces moments où je ne faisais qu'un avec mon métier.

Ces instants où il m'habitait tant que je ne pouvais concevoir d'être autre chose, de faire autre chose et surtout de le faire différemment.

Dans un monde normal, c'est-à-dire fait de normes, il n'existe pas de flics comme je l'ai été. Il n'existe que des policiers obéissants et respectueux des textes officiels, même si leur efficacité et, par voie de conséquence, la population en subissent les conséquences.

Dans ce monde il ne faut pas utiliser la violence contre la violence, il n'est pas de mise d'employer des ruses contre des voyous inventant des stratagèmes machiavéliques et il est interdit de répondre à l'insulte gratuite en s'essuyant sa face du crachat qui la souille.

Alors je me suis créé ce monde, cet autre monde pour pouvoir y faire la police que j'aimais.

Jamais je n'ai envisagé de me tromper, de faire fausse route car je n'étais motivé que par la société et le service que je lui devais.

Sans doute mes méthodes n'étaient pas adaptées et les lois qui les sanctionnaient avaient une réelle raison d'être mais je ne me suis jamais questionné sur cela. Il me paraît évident que si j'étais parvenu à y apporter une réponse que je ne cautionnais pas, j'aurais démissionné beaucoup plus tôt.

Mais j'ai toujours été persuadé que j'étais dans le vrai, que ce monde dans lequel j'évoluais n'était que le résultat de ce que j'avais mis en place pour savourer ce métier et me délecter des regards et autres poignées de mains affectueuses des victimes auxquelles j'apportais des réponses qui, même peu orthodoxes, leur donnaient entière satisfaction.

Tel un général de l'ex-URSS, j'aurais pu accrocher des dizaines de médailles au revers de ma veste, si les sourires satisfaits avaient été fondus dans le métal en forme de breloques inutiles et grotesques.

Ces sourires m'ont conforté dans mes positions radicales, dans mes attitudes marginales de flic vivant dans un autre monde.

Mais m'auraient-ils accompagné à la barre d'un tribunal si le service que je leur avais rendu m'y aurait conduit?

Les femmes qui ont traversé ma vie n'ont connu qu'un personnage étrange et tourmenté par le désir de bien faire, par le souhait de plaire.

Elles n'ont été que des dommages collatéraux d'une carrière bien mouvementée, d'une carrière trop agitée et ponctuée de blessures physiques et morales.

Je les ai laissées, je les ai blessées, sans mesurer ce que je faisais, sans comprendre que mon métier, tel que je voulais le faire, avait une telle influence dans ma vie, que l'impact laissé sur elles était disproportionné par rapport à ce qu'elle avait accepté d'endurer.

Légitimes bafouées, humiliées. Illégitimes sous-considérées, délaissées... Je n'ai semé sur le terrain de mes relations sentimentales que des pleurs, des cris et des regrets.

Les enfants que j'ai eus ont grandi aux côtés d'un père trop souvent absent, même lorsqu'il était là.

Ils n'ont pas compris ce que je voulais être, ils l'ignorent encore aujourd'hui.

Je ne les ai pas vus grandir pour aider mon prochain et pour voir ma carrière être balayée par un revers de main...

J'ai quitté cet autre monde pour poser mes pieds sur la terre ferme où il n'existe pas de flic comme je l'ai été, où il n'existe plus de flic comme je l'ai été.

Je ne regrette rien...

Illégitimes

À Sébastien D.

La pleine lune éclaire nos pas et semble, à l'instar d'une poursuite de théâtre, nous accompagner dans cette cité où d'habitude les dealers ont installé leur commerce. Ce soir, étrangement rien ne bouge, rien ne semble nous observer déambuler sur ce territoire qu'ils pensent être le leur.

Ils ne sont pas là, ou, sans doute, ont-ils suspendu leur activité lucrative à peine notre voiture était signalée par le guetteur.

Apparemment il a bien rempli sa mission, nous ne trouverons donc pas de «charbonneur», de rabatteur et encore moins d'appartement nourrice.

Notre patrouille pédestre vient donc de se transformer en promenade de santé dans un quartier ou peu de pèlerins et autres amateurs de randonnées iraient marcher.

Et puis qu'iraient-ils y chercher?

La crasse, les rats, les poubelles débordantes et les caisses de voitures dépouillées ne sont des trésors que pour ceux qui vivent là, pour ceux dont cela fait partie de leur vie.

Le silence n'est brisé que par les bruits de nos semelles antidérapantes qui épongent un peu le sol de sa couche d'humidité à chacun de leur appui. Les bruits cumulés de nos deux paires nous forcent un léger sourire.

L'habitude et l'expérience de notre métier nous imposent de marcher loin des bâtiments pour éviter d'être la cible de projectiles divers et variés, lancés anonymement, bien sûr, depuis les fenêtres des appartements que l'on pourrait croire endormis, si nos précédents passages là, à ces heures avancées de la nuit, ne nous auraient pas prouvé que le caillassage de flics reste un mode d'expression tant diurne que nocturne.
Alors la placette est traversée en son milieu et nos chaussures bruyantes shootent dans des canettes vides que leurs consommateurs n'ont pas daigné déposer dans des corbeilles à papier.
D'ailleurs il n'y en a aucune, elle ont toutes étaient dégradées. Alors la municipalité les a retirées.

Nos semelles poursuivent leur vacarme stupide mais elles ne sont plus les seules à rompre le lourd silence, deux énormes cailloux viennent, dans un claquement sec, s'écraser sur le bitume à quelques centimètres de nos pieds. Le macadam est sévèrement marqué par l'impact et, très vite, l'idée de la blessure que ces pavés auraient occasionnée sur nos crânes me glace le sang.

Nous n'avons aucun instant à perdre et il faut évidemment fuir devant ce caillassage en règle que nous subissons car les deux cailloux n'étaient que les prémices d'une pluie de projectiles et l'orage est très intense.

Devons-nous fuir, devons-nous lâchement abandonner ce territoire qui n'appartient pas plus à nos assaillants qu'à nous-mêmes ?

Mais de manière générale, il n'est pas du tout dans nos habitudes de prendre la fuite, de déserter un terrain sur lequel nous chassons, sur lequel nous devons nous rendre pour imposer la loi de l'État au détriment de celle des caïds locaux.

Mais soudain les impacts bruyants sont accompagnés de cris et d'insultes.

Nos mères, que ces jeunes gens haineux n'ont évidemment jamais rencontrées, sont gratifiées allègrement de professionnelles du sexe, coutumières de pratiques sodomites et autres fellations de verges à l'hygiène douteuse. Nos races, nos épouses, et même nos progénitures, sont toutes concernées par le chapelet de vulgarités et insanités et ce sur plusieurs générations.

La haine qui monte en moi est proportionnée à ces insultes que je prends dans la gueule et je rêve à présent de tenir dans mes mains l'un de ces personnages qui évidemment n'assument pas ces assauts en se dissimulant derrière les bâtiments.

L'orage n'a pas cessé et les cailloux frappent encore le sol malgré notre départ de la placette que nous traversions.

Ai-je mérité ces insultes et les jets de ces projectiles ?

Qu'il y a-t-il de proportionné entre notre patrouille pédestre, effectuée certes dans le but d'interpeller des dealers, et ces agressions caractérisées et si dangereuses?
Rien, aucune commune mesure…!
Et c'est cela qui me rend fou, c'est cela qui maintient ma colère et mon envie de vengeance.
Aurais-je dû rester là et recevoir ce pavé sur ma tête et dois-je réellement quitter ces lieux parce que des délinquants l'ont décidé?
Dois-je me plier à leurs exigences?
Certainement pas!
Est-ce moi qui suis insulté ou est-ce ce que je représente? Je me fous de le savoir mais ce que je n'ignore pas c'est que c'est moi qui suis la cible des énormes pavés.
C'est mon crâne qui est bien visé!
Je sais à cet instant là que ce n'est plus le policier qui raisonne mais l'homme, le fils, le père de famille.
Je ne me suis jamais laissé insulter par quiconque dans la rue ou lors de soirées, même bien arrosées, sans y répondre.
Je n'ai jamais laissé humilier, bafouer ou salir ma mère ou ma compagne par quiconque et je n'ai jamais essuyé un crachat que j'aurais reçu sur le visage en prenant la fuite.
Je ne suis pas exceptionnel, je suis un homme simplement.

Je suis isolé derrière un taillis et je tente de repérer la planque des jeunes assaillants et je réfléchis.
Mon environnement est sale, seule la haine survit ici et les bâtiments n'ont rien de commun avec les bureaux ministériels dans lesquels les gens qui me dirigent

prennent des décisions. Ce soir je suis seul, seul avec un de mes frères d'armes mais seul sous les pavés et si seul pour prendre une décision.

Sachant que celle que nous devons prendre peut être lourde de conséquences pour nous et sur notre travail quotidien, comme celui de nos collègues en uniforme.

Il faut connaître les modes de fonctionnement de ces quartiers-là, de ces coins-là.

Ici il n'y a rien, plus rien. Tout est parti, tout a fui et nous sommes les seuls à avoir le courage ou la débilité d'y aller et d'y retourner.

Il faut savoir comment fonctionnent ces cités pour prendre la décision adéquate, en sachant que si nous fuyons nous mettons tout ce que nous avons déjà mis en place depuis des mois en jeu, car le retrait même stratégique est systématiquement interprété par ces gens-là comme de la peur, de la faiblesse. Et ici la faiblesse est la pire des choses.

Mais nos décideurs ignorent bien cela.

On ne fuira évidemment pas !

On va rester et, mieux encore, on va aller au combat.

Mais la haine est à son paroxysme car les jets de projectiles n'ont pas cessé, tout comme les injures.

Je ne mesure plus le danger, je suis aveuglé par ma haine et je dois interpeller, je dois régler mes comptes pour asseoir notre autorité.

Et le déclic se fait...

Je ne mesure pas ce que notre intervention peut aussi engendrer, émeutes, blessés et dégâts importants sur le mobilier urbain. Mais il faut y aller, c'est une question d'honneur.

Alors je tente de localiser les lanceurs de cailloux et avise, par radio, les renforts postés aux abords afin qu'ils nous aident dans nos recherches.

Il ne faut pas attendre longtemps avant que mon poste de radio crépite et m'annonce la position exacte d'un groupe de trois jeunes jeteurs de projectiles.

Leurs tenues vestimentaires détaillées nous sont données ainsi que leurs rôles précis dans leurs exactions dont nous restons l'unique cible.

Une stratégie d'intervention est très vite élaborée et, mon camarade et moi, nous lançons par un chemin détourné vers la tanière du groupe. Il est aisé pour nous de progresser sans que ces trois idiots ne le réalisent.

Après quelques secondes, nous tombons sur ces trois hommes comme un rapace s'abat sur une souris et parvenons à les maîtriser tous trois. Mais les interpeller ne nous suffit plus, j'ai encore en mémoire le lourd impact des pavés sur le sol et ma peur mêlée à la rancune m'ont transformé en une bête fauve.

Je ne réfléchis pas et assène un violent coup de poing à la face du premier homme qui tient encore dans sa main droite un énorme pavé qui nous était destiné.

Le premier coup ne m'a pas apaisé et je ne laisse pas le temps au garçon de se rétablir, je le relève par un uppercut terrible dans la mâchoire inférieure qui le sèche immédiatement. Il s'écroule.

Mon regard est celui d'une bête et je m'approche vers les deux autres que je gifle violemment. Mon ami entreprend un des deux et lui porte deux coups de poing au visage en lui éclatant l'arcade sourcilière.

Moi je me place face au troisième et lui porte un violent coup de pied dans les parties intimes qui lui coupe le souffle et lui impose de se pencher en avant. C'est un coup de pied à la face qui le met hors jeu.

Je ne suis pas calmé, je ne suis pas serein et cette «branlée» ne m'apporte même pas la tranquillité qui faudrait retrouver.

Doit-on frapper comme cela ?

Les bœuf-carottes se feraient un plaisir de sanctionner nos gestes en les qualifiant d'illégitimes. Ils auraient affirmé que la violence que nous avons utilisée n'est pas adaptée à la situation et tant d'autres conneries que les gens qui ne connaissent pas ce qui se passe ici préconisent, alors qu'ils sont bien cloués sur leur fauteuil.

Je n'ai pas utilisé des méthodes illégitimes, je n'ai fait que m'adapter au terrain que l'on m'avait donné de défendre, ce terrain sur lequel on m'avait abandonné sans moyen, sans matériel, sans homme mais avec un seul impératif, celui du résultat…

La société aurait jeté l'opprobre sur nos actes, la hiérarchie aurait déploré des comportements irresponsables, les organisations syndicales se seraient réfugiées derrière la politique et autres stratégies idiotes et une certaine presse aurait dénoncé une violence disproportionnée et illégitime, en omettant de mentionner que la violence des politiques conduites dans ces quartiers est bien supérieure en termes de dégâts que les quelques coups que nous avons portés.

Mais moi je sais qu'il n'existait pas d'autres façons d'être et de faire !

Impunité

Exercer dans ce type d'unité n'est pas anodin. Bien qu'ayant toujours en tête que ma mission première, celle pour laquelle j'avais passé un concours, était de me « taper le cul » à l'arrière d'un car de Police-Secours, j'avais eu quelques appréhensions dès les premiers jours effectués à la BAC. Je n'étais pas envahi d'un sentiment de supériorité quant au fait de quitter cette tenue, que beaucoup ne tolèrent plus après quelques années, mais je me sentais un peu dans la peau d'un traître d'abandonner cette noble mission sans scrupule.

Habitué à être reconnu grâce à mon uniforme, je venais de me déshabiller et ce que je considérais sans doute à tort comme une armure n'était plus.

Il fallait donc se dissimuler, se planquer avec le sentiment inverse de ce que j'avais connu jusqu'alors, à savoir pourvu que l'on ne m'ait pas « détronché ».

Étrange sentiment pour celui qui avait porté l'uniforme depuis plus de dix années maintenant et qui circulait dans des véhicules à la sérigraphie colorée dont le seul but est celui d'être vu, repéré.

Il ne me fallut pas longtemps pour «descendre du car PS» et comprendre que ce nouveau métier était bien différent de celui que j'avais effectué jusqu'à maintenant. Les anciens me donnèrent très vite les attitudes, les comportements et les méthodes que je devais avoir et je les appliquais rapidement. C'était un temps où les anciens et leur savoir-faire étaient pris en considération, respectés même.

J'étais donc assez vite imprégné par ce nouveau job et mes facultés d'adaptation étaient suffisamment développées pour faire de moi un bon flic de BAC.

Mon instinct de chasseur se formait au fur et à mesure que j'avançais. Je devenais donc successivement : pas mauvais, puis bon pour terminer excellent et même redoutable.

Ma soif d'interpeller pour rendre service à la société et aux victimes était à son paroxysme. Je ne vivais plus que pour la BAC et mes amis, mes frères et ces derniers me le rendaient bien puisqu'ils étaient atteints eux aussi du même syndrome.

J'ai encore en mémoire ces jours, ou plutôt ces nuits, où aucun d'entre nous ne voulait prendre du repos alors que c'était aisé de le faire et même que nous devions le faire. Je me souviens encore que les nuits de repos de nos cycles de travail devenaient pour moi une véritable torture de rester là, dans ce foyer que je rejetais. Mon chez-moi n'était pas là mais bien au commissariat.

On m'a jugé, on m'a qualifié de débile, d'irresponsable même, mais ces gens-là ignoraient bien ce que ma mission provoquait, impliquait et ce que mon métier imposait à ceux qui ont pris cet engagement de servir dans cette brigade.
Je ne leur en tiens par rigueur.

Mais cette implication dans un métier comme celui-là ne peut se comprendre que si on y a été confronté. Tout sacrifice est douloureux, tout engagement est respectable mais lorsque cela se fait au détriment de gens que l'on est censé aimer, il devient impératif de se modérer, si tant est que l'on en soit capable.
Mais la BAC vous retire tout esprit d'analyse et de raisonnement en ce qui concerne les dommages collatéraux que l'on va systématiquement infliger aux siens.
C'est un implacable mécanisme que seuls les baqueux connaissent.

Je vais tenter de démanteler cet engrenage pour l'expliquer aux lecteurs et rendre hommage à tous ces flics qui ont tant donné à cette unité, la Brigade Anti-Criminalité, sans réaliser en fait que c'est à un système pervers et «flicovore», dont ils étaient eux-mêmes les artisans, qu'ils apportaient le plus.
Cela a été bien évidemment mon cas...

Mais il m'apparaît bien plus important de poursuivre cette intrusion dans mon crâne pour y chercher
des arguments détaillés afin de dire ce qui est, à mon
sens au moins, le plus grand des dangers, le sentiment d'impunité.

Existent-ils des motifs qui légitimeraient une attitude
illégale, un comportement condamnable ?
La préservation des intérêts des particuliers vulnérables
justifierait-elle que l'on puisse commettre soi-même
des infractions ?
Deux questions auxquelles il est extrêmement complexe
de répondre sans froisser les susceptibilités des uns et
la pudeur des autres, comme l'hypocrisie des derniers,
bien planqués derrière la porte capitonnée d'un
bureau surchauffé.
Mais moi je me moque de vexer les uns et les autres et je
me fous de déranger monsieur sur la moleskine lustrée
de son fauteuil.
Alors je vais répondre en allant puiser dans cette tête
de flic que j'ai été les détails qui risquent de déranger,
pour pouvoir m'incliner devant le corps de ces hommes
que l'on a oubliés et devant les révocations injustifiées
de quelques autres que l'ambition de leurs bourreaux
a laminés.

Ces dernières lignes écrites soulagent ma haine viscé-
rale de tout ce qui est pour moi l'antinomie de la police
à savoir les bœufs-carottes et les bien-pensants bien
ignorants des conditions de travail des flics de rue...

Ouf! Ça fait du bien...

Mais je me dois de redevenir sérieux pour poursuivre ces écrits, dont la teneur pourrait me traduire devant des tribunaux si je n'avais pas pris soin de retirer tous les détails compromettant des affaires que je relate.

Était-ce un sentiment ou une réalité?
Aurais-je pu être condamné, voire révoqué, durant mes années d'exercice?
Qu'est-ce qu'il aurait pu m'arriver?

Rien!!! J'en étais persuadé. Mais cette certitude vue aujourd'hui, avec le recul nécessaire, m'apparaît beaucoup moins évidente et l'instabilité sur laquelle nous surfions était un édifice non stable qu'un simple tremblement de terre, même non gradué sur l'échelle de Richter, aurait pu anéantir.
Alors pourquoi avais-je ce sentiment à cette époque-là?

Il était le résultat de plusieurs paramètres qui se conjuguaient pour nous rendre tout-puissants, non punissables, invulnérables et surtout bien malléables pour exécuter des missions que plus personne n'était en mesure de remplir dans des zones où plus personne ne voulait se rendre.
Habités par cette idée que notre action était indispensable, la plus adaptée et répondant aux objectifs de notre hiérarchie, il apparaissait clairement que nous étions, le pensions-nous, incapables d'être punis.

Considérée comme «le dernier rempart» à une délinquance déterminée sur une circonscription de police extrêmement difficile, et servant une politique désireuse d'en finir avec ces trop nombreux délits et crimes commis, la BAC à laquelle j'appartenais bénéficiait-elle d'une impunité réelle ou seulement supposée?

J'ai souvenir d'avoir menti, déformé la vérité pour améliorer notre efficacité, j'ai souvenir d'avoir bricolé des procès-verbaux en ayant la certitude que ces mensonges étaient justifiés par le besoin de répondre à des attentes et besoins d'une société victime de comportements anti-sociaux.

J'ai encore souvenir que ces trucages procuraient chez moi un fort sentiment de rétablissement d'une justice sociale car, parfois, présenter les faits tels que nous les avions constatés ne justifiaient même pas un simple contrôle d'identité. Mais notre intervention avait mis à mal une entreprise malhonnête, voire violente, avant même qu'elle ait pu débuter.

Bidouillages, bricolages et petits mensonges étaient mon quotidien et jamais je n'avais imaginé que j'aurais pu être dérangé tant mon efficacité portait ses fruits.

J'avais calqué mon activité sur celle des voyous qui se trouvaient face à moi. Je devenais parfois pire qu'eux!

La solidarité qui nous unissait dans ce groupe était à toute épreuve et d'aucun n'aurait porté une parole différente de celle du reste du groupe, et surtout en ce qui concerne une affaire sur laquelle nous étions un peu «juste» quant à son élucidation et aux «améliorations» que nous avions pu lui apporter pour la rendre justiciable. Se convaincre que l'on doive agir ainsi, se persuader que cette attitude est la seule et unique à avoir pour parvenir à des fins qui nous semblaient si évidentes, m'ont conduit à surfer sur cette ligne blanche dont parlent les journalistes.

Où est-elle? Quand, comment la franchit-on et surtout pourquoi l'ignorons-nous?
Pour servir, simplement servir une société ingrate d'un engagement qui n'a plus de sens et pour assumer une mission que l'état nous a confiée en nous suggérant d'être comme l'on est mais en nous défendant d'être ce que nous sommes!

Dois-je mon impunité uniquement à la chance?

Elle demeure un droit réservé à l'élite mais il n'existe pas de policiers d'élite…

Les bras croisés

À moi

Je n'ai peut-être jamais été autant heureux d'être là dans cette voiture que cette nuit. Je ne saurais dire pourquoi d'ailleurs mais c'est ainsi, je suis hilare. Sans doute dopé par l'avant-patrouille que je viens de m'octroyer et durant laquel je me suis laissé aller à caresser une croupe de jeune femme dénudée, je me sens léger.

J'avais hâte de revoir, depuis la nuit dernière, mes potes et le récit de ma pause ante-policière provoquer sur leurs visages des rires que j'adore.

N'ai-je pas été me fourvoyer auprès de cette jeune femme seulement pour leur raconter et voir leurs visages s'éclairer ?

Je simule mes gestes, mes mouvements et me penche vers André pour mimer un baiser langoureux en sortant ma langue pour le lécher. Il hurle !

Je reprends la route et ne dissimule pas mon plaisir à être avec eux, ce plaisir qui ressemble étrangement à l'orgasme que m'a procuré cette belle jeune femme que j'ai basculée il y a quelques minutes sur une banquette de voiture dans le fond d'un parking déserté. Je n'ai pas honte de moi.

La luxure, le mensonge et le déni d'une réalité dans laquelle je ne vis pas, sont des péchés qui accompagnent ma vie et la ponctuent sans que jamais je ne réalise la portée de mes comportements. D'ailleurs, le seul comportement qui me préoccupe reste celui de flic, celui que je peux avoir au sein de mon groupe de la BAC.
Le reste…

Je tiens le volant et circule à faible allure dans les rues que le mistral balaie violemment. Les sachets de plastique gonflés par le souffle traversent la chaussée avec une rapidité surprenante, bien supérieure à la vitesse de notre voiture.

Je suis bien, là, je suis si bien que je le dis à mes frères. J'ai besoin de le leur dire, de leur faire comprendre ce que je ressens. Mais à quoi bon, puisque je sais qu'ils ressentent les mêmes choses et qu'ils sont heureux d'être là également.
Ils ne le disent pas, c'est tout. Eux n'ont pas ce besoin de l'exprimer comme je le fais, c'est ainsi.

Le vent siffle par un joint de la fenêtre du côté passager, il tente de forcer le passage pour venir nettoyer cet habitacle dans lequel règne l'irresponsabilité, la toute-puissance et les débordements en tout genre. Mais la barrière de la portière et l'opiniâtreté de Dédé à repousser ce courant d'air auront raison des tentatives de ce souffle.

« Laisse nous dans notre merde, laisse-nous dans notre monde ! » ai-je envie de crier à ce satané vent auquel nous n'avons rien demandé et surtout pas de venir nous débarrasser de nos sales habitudes.

Il fait déjà nuit et bien froid mais la lumière qui brille dans le fond de nos yeux démontre, à ceux qui l'ignoreraient, notre envie d'attraper le voleur, de traquer le bandit et peu importe les moyens que nous allons utiliser pour y parvenir.

Après avoir effectué un premier passage dans les cités du centre ville afin de montrer à nos ennemis que nous serons là cette nuit, nous partons vers les extérieurs de la commune. Les zones industrielles sont nombreuses et attirent toutes les nuits des candidats aux vols avec effraction, à la voiture-bélier et autres découpages à la tronçonneuse thermique de rideaux métalliques.

La circonscription se prête à ces types d'infractions et les butins collectés par les voyous sont considérables.

En cette soirée d'hiver proche du réveillon du 24 décembre, ce sont les entrepôts frigorifiques qui semblent susciter la convoitise des délinquants.

En effet, des kilos, et peut-être des tonnes même, de langoustes ont été stockées dans les immenses chambres froides en attendant leur livraison dans les commerces de proximité.

Mais pour les voyous la seule proximité qu'ils aiment est celle des langoustes dérobées qui emplissent les camions frigo qu'ils ont préalablement volés.

Il est minuit et une patrouille près des entrepôts réfrigérés s'impose. J'ai coupé les feux de notre voiture et l'élan nous porte vers notre objectif. La zone industrielle est immense et des avenues se croisent, telles les rues de New York formant de nombreuses intersections en forme de croix.

J'en franchis une sans regarder sur les côtés, l'élan nous pousse encore dans un silence étrange.

Le sifflement du mistral dans le joint de la fenêtre n'a pas cessé et, bizarrement, il reste le seul bruit dans cette voiture si bruyante habituellement.

Je franchis une deuxième intersection pour virer sur ma droite en direction d'une entreprise de produits surgelés mais je n'ai pas le temps de finir ma manœuvre que des phares éblouissent mon champ de vision. Surpris par ce flash, je rallume instantanément mes feux et me place devant la voiture qui me fait face. Elle roule à vive allure et ne semble pas vouloir détourner sa route, elle fonce sur nous. Nous ne sommes qu'à quelques mètres l'un de l'autre et le bruit des moteurs démontre la rapidité de cette automobile.

Je ne bronche pas, je ne change pas de cap et bien au contraire j'accélère. Le choc paraît inévitable.

Mais arrivée à peine à quelques centimètres de ma calandre, la grosse auto fait une embardée sur sa droite et parvient à éviter le choc en montant sur le trottoir.

Elle est suivie par un camion frigo dont les portes arrière sont ouvertes. Elles claquent contre la caisse dans un vacarme assourdissant. Le convoi prend la fuite.

J'ai pris du retard, je ne suis pas dans la bonne position et il faut que j'effectue un demi-tour pour me positionner derrière les voyous. Je rattrape très vite le petit camion dont les portes continuent à frapper la caisse. Sa vitesse étant plus faible, la voiture qui le précède ralentit sa course pour ne pas les abandonner. Le camion lui effectue des zigs-gags infernaux pour m'empêcher de le dépasser. Il est vulnérable et il le sait, il ne se laissera pas interpeller.

Alors, le conducteur du camion multiplie les manœuvres périlleuses et parvient même à faire décoller les roues arrière jumelées de son engin. Il ne mesure pas les risques et il se moque de nous envoyer dans le fossé, voire même de nous tuer en se fracassant contre son châssis lors de ses coups de freins brutaux.

Je n'ai pas peur, je sais que nous devons les stopper et nous y sommes bien décidés. Notre colère monte crescendo à chacune des tentatives du camion de nous foutre en l'air.

Depuis la caisse ouverte, les quelques langoustes dérobées s'échappent d'une caisse de polystyrène éclatée. Les crustacés viennent frapper notre pare-brise et la caisse de notre voiture.

Je ne supporte plus cette course-poursuite et je ne parviens pas à dépasser ce camion fou. Tout en conduisant, alors que notre compteur affiche une vitesse de 100 km/h, je sors mon arme de son étui et, croisant mes bras sans lâcher le volant de ma main gauche, je fais feu en direction des roues du camion à deux reprises.

Le premier projectile ne touche pas la cible mais le deuxième éclate la roue intérieure du camion.

La détonation surprend André qui tente d'aligner aussi son revolver sur les pneumatiques opposés, elle déclenche ses départs de feu.

La cavale continue et le camion aborde une longue descente, il augmente considérablement sa vitesse et ne parvient plus à conserver une trajectoire rectiligne, il ne stoppe pas.

Je ne parviens toujours pas à le dépasser bien que la chaussée s'est faite plus large. J'aperçois par intermittence la grosse Audi qui ouvre le convoi, je voudrais tant lui placer du plomb dans le cul !

Je viens de récupérer mon flingue que je maintenais entre mes cuisses. L'odeur de poudre brûlée remonte jusqu'à mes narines. J'aime ça !

Je m'empare de nouveau de mon revolver et, croisant encore les bras, je lâche deux nouveaux coups de feu dont l'un fait éclater le second pneumatique. Le camion ralentit brutalement et les deux pneus crevés disparaissent en lambeaux en quelques secondes dans un nuage d'étincelles. Les débris viennent s'écraser sur notre voiture, André et moi effectuons un geste de parade bien inutile. Notre pare-brise protège nos visages déformés par la haine de ces voyous.

Notre compteur affiche une vitesse de 130 km/h et je ne mesure pas ce que je viens de faire.

Tirer en conduisant au mépris des règles élémentaires de sécurité en circulant à de grandes vitesses et sans être en état de légitime défense réelle.

Le petit camion tente de poursuivre sa route puis, après avoir marqué profondément le bitume avec les jantes démunies de ses pneumatiques, il stoppe en heurtant un parapet.

Son conducteur est interpellé. J'ai souvenir qu'il avait demandé lequel de nous avait tiré, nous n'avons pas pu lui apporter de réponse tant mon geste aurait paru stupide même à un voyou déterminé.

Je revois mes bras croisés et mon corps déhanché, j'entends encore ces tirs et revois la vitesse s'afficher…

Je suis heureux, nous avons interpellé.

Toute-puissance

À Thierry H.

J'ai évolué durant ces années dans les méandres d'un système que j'avais moi-même mis en place et que je pensais qu'il était, sans condition aucune, la solution aux nombreux problèmes de délinquance qu'il nous était donné de résoudre sans voir qu'il nous démolissait ou du moins qu'il détruisait la véritable vision de la société que nous n'aurions jamais du perdre.

Mais la violence et la détermination d'un secteur sont très formatrices et ne vous laissent pas de choix quant à votre façon d'être et d'agir, ne serait-ce que pour se préserver de la déferlante de violences à laquelle nous étions confrontés.

Il n'existe donc pas d'autres alternatives que la réponse proportionnée à l'attaque avec des méthodes adaptées et totalement en adéquation avec l'objectif recherché, souvent très éloigné de ce qui en réalité nous était demandé.

Nous étions donc persuadés que la mission qui nous était confiée était bien moins importante que les résultats que nous allions obtenir, et notamment leurs effets sur notre réputation et notre notoriété sur la «faune» des cités, car il faut considérer que nous voulions à tout prix nous faire respecter.

Pas de loi du Talion, pas de vengeance non plus, simplement l'envie de ne pas se laisser marcher dessus et laisser libre cours à des délinquants, dont le souhait n'était autre que de conquérir des territoires pour leur imposer leurs lois et règlements souvent violents et surtout rémunérateurs.

Aurions-nous dû les laisser faire, aurions-nous dû les laisser s'implanter là où ils l'avaient décidé?

Je réfléchis et je n'ai aucun mal à me souvenir des détails de la mission qui était officiellement la nôtre.

Il n'est pas difficile de se rappeler ce qu'attendait de nous cette hiérarchie, ce qu'elle espérait même.

La circonscription sur laquelle nous œuvrions était si complexe, tant dans le domaine de la délinquance de voie publique, que par son contexte politique local dont nous nous moquions d'ailleurs.

Ainsi nous devions patrouiller sur l'ensemble de la ville, son hyper-centre et ses extérieurs, et procéder à des contrôles d'identité préventifs en étant vigilants aux délits commis en «flag».

Jamais, oh grand jamais, il nous était demandé de prendre des risques comme nous le faisions, de poursuivre à des vitesses folles des voyous et de faire usage de nos armes aussi facilement que nous le faisions, comme il ne nous était pas non plus confié d'instaurer nos règles dans des quartiers où la définition de ce mot-là n'avait d'ailleurs aucun sens.

Cette dernière fonction que nous nous étions attribuée n'avait comme fondement que celui que nous avions voulu nous inventer, à savoir faire fonctionner ces quartiers sous un seul modèle, celui auquel nous adhérions.

Je ne prends évidemment pas en considération dans ce modèle les infractions de droit commun que nous pouvions relever, mais simplement les débordements que nous nous étions aussi donné de combattre comme de simples cris lancés à notre encontre ou des regards que nous jugions provocateurs ou agressifs.

Il faut, à la lecture de ces lignes, écarter mon os pariétal pour pénétrer un peu plus dans mon crâne et y puiser la substantielle moelle qui aurait engendré ces idées presque saugrenues au regard de ce qu'elles pouvaient potentiellement entraîner.

Mais, ne les remettant nullement en cause, je m'interroge aujourd'hui sur leur bien-fondé, ce qui me semble tout de même paradoxal.

Nous avions décidé que les territoires n'appartenaient à personne et certainement pas à ceux qui vivent là depuis leur premier jour et que notre autorité, comme notre présence en ces lieux, ne devaient en aucun cas être remises en cause.

Légitimes, penserez-vous mais est-ce que l'état souhaitait cela, est-ce que le ministre aurait attendu de tels comportements de ses flics ?

Mais comment le savoir puisque nous étions lâchés là, dans ces quartiers, sans aucune consigne précise autres que celles que j'ai détaillées ci-dessus et qui, vous me l'accorderez, laissent libre cours à l'interprétation.

Nous évoluions donc dans un magasin de porcelaine dans lequel il fallait avancer les yeux bandés, sans bousculer les étals, au risque de briser cette vaisselle si fragile et dont les débris auraient risqués d'atteindre des autorités bien frileuses.

Il était impératif pour nous, en l'absence de solides directives, d'établir nous-mêmes nos propres règles qui prenaient naissance dans nos vécus, nos visions de la société et de tant d'autres choses subjectives qui peuvent trotter dans une tête et dont celle d'un policier.

Mais je dois admettre que je n'ai jamais eu de doute sur le moral de nos autorités lorsque nos pénétrations, parfois en force dans des zones de non-droits, permettaient d'obtenir des résultats dont ils pouvaient se targuer à notre détriment.

Je n'imaginais pas, à cette même époque, comment nous aurions été abandonnés si nos mêmes interventions n'avaient été sources que de désagréments du type émeutes, violences urbaines, voire pire.

Mais le sentiment de toute-puissance qui nous habitait nous permettait de parvenir à croire que nous étions invulnérables et tout-puissants et je m'interroge encore pour savoir comment je vais pouvoir détailler cela dans les lignes qui suivent.

Je devrais, dans un premier temps, définir la notion de toute-puissance pour après la décortiquer et enfin savoir si elle correspondait réellement à ce que nous ressentions ou si simplement nous étions complètement déconnectés d'une réalité que nous avions fuie en acceptant de travailler ici, dans ces conditions-là et de nuit.

Car la nuit policière fait aussi partie de ces autres mondes, de ces autres planètes sur lesquelles les flics vont émigrer pour n'en revenir que brisés ou à minima formatés.

Toute-puissance...

Est-ce que cela existe?

Alors j'ai lu, j'ai cherché à savoir s'il s'agissait simplement d'un concept subjectif ou d'un véritable état de fait.

J'ai trouvé une définition qui parlait de capacité surhumaine et d'état permanent permettant d'accomplir des actes...

Et je me suis retrouvé dans cette phrase car c'est bien de cela dont on parle. Nous étions bien dans un état permanent qui nous permettait de faire des choses à la limite de l'absurdité.

Je n'ai aucun mal à me souvenir de nos résultats, je n'ai pas de difficulté pour me remémorer ce taux de réussite si important que nous parvenions à avoir et nos tableaux de chasse étaient si complets et diversifiés qu'ils faisaient nos fiertés et suscitaient les jalousies de nos collègues des circonscriptions voisines.

Il est évident que ces nombreuses belles affaires dopaient considérablement nos énergies et notre envie de retourner dans des quartiers avec peu de crainte et une certitude d'être les meilleurs.

Mais l'étions-nous réellement ou pensions-nous simplement que notre efficacité était à toute épreuve, même celle de la sanction ou plus classiquement celle de la blessure ou de la mort?

Je me dois, à ce stade de mon récit, de répondre à ces questions.

Il est indéniable que ces années d'embellie profession-nelles, où nous avons cumulé la force d'un groupe et un soutien quasiment sans faille de notre chef de service, nous permettaient de penser que nous étions tout-puissants et notre taux de réussite, d'affaires sans heurts notables, nous donnaient des ailes sans pour autant faire gonfler nos têtes.

Livrés à nous-mêmes, nous faisions appliquer ce que nous avions décidé et jugions encore cette application avec une identique certitude qui forcément n'allait pas à l'encontre de ce que nous mettions en place. Nul nous jugeait, nul nous critiquait tant ils avaient besoin d'une tel groupe constitué que rien n'effrayait.

Il est si aisé d'engager une telle équipe en la gratifiant de quelques compliments que notre bêtise de l'époque ne nous permettait pas de juger disproportionnés et surtout galvanisants.

Nous étions donc tout-puissants, mais seulement dans nos têtes.

Négociations

À Michel C.

La pluie s'abat sur notre voiture et cela fera office de lavage. Elle en a tant besoin.

Le ventilateur peine pour aérer les surfaces vitrées et retirer cette buée que nos expirations génèrent. Sommes contraints d'utiliser la bonne vieille méthode de l'essuyage manuel afin de pouvoir rester en liaison visuelle avec l'extérieur. Mais les bandits n'aiment pas la pluie et cette nuit s'étire en longueur.

Alors nous avons stoppé notre voiture à un carrefour, à une intersection que nous n'avons même pas choisie, elle s'est imposée naturellement après que l'on ait effectué plusieurs fois le tour de la circonscription sans croiser une voiture et évidemment pas un piéton.

Même les cités sont tristes et vides. Le deal a fermé plus tôt, c'est à croire que les fumeurs de shit n'ont pas d'imperméable ou que leurs cigarettes artisanales à l'odeur âcre ne peuvent rester allumées sous cette pluie battante.

On s'ennuie, on reste assis dans cette auto à dire des bêtises, des énormités et je m'imagine ce que pourraient faire des oreilles indiscrètes de ces paroles improbables. Pourvu que notre voiture ne soit pas équipée de micro… Les bœufs se feraient un plaisir d'interpréter, de découper pour arranger leurs affaires, pour que nos propos puérils parviennent, une fois bricolés, à assouvir leur haine de ce que nous sommes, pour parvenir à ce que leur ambition leur ordonne : nous faire passer aux yeux de la société pour des voleurs ou des trafiquants, pour les pires des délinquants.

Mais je rêve, cela n'existe que dans les films de série B.

Pas un service ne s'autoriserait de telles choses, le cas échéant il serait recadré par le ministre de l'intérieur qui rétablirait derechef la vérité et laverait l'honneur de ces flics valeureux et performants. Je n'en doute pas…

Tiens, cela me rappelle quelque chose mais quelque peu différent…

De quelle affaire peut-il s'agir ?

Mais il me semble que le fameux ministre n'avait pas agi de la sorte.

Mais je suis sorti brutalement de mon rêve, ou plutôt de mon cauchemar, par un bâillement bruyant de mon ami qui lutte contre une soudaine poussée de fatigue.

Nous ne sommes pas habitués à rester en place, nous ne sommes pas habitués à ne pas interpeller, contrôler ou au moins patrouiller. Alors je poursuis mon délire et je taquine André qui se trouve à mes côtés en lui proposant d'aller dépouiller un dealer, d'aller briser les jambes d'un caïd local afin qu'il cesse de nous ennuyer ou

d'aller abuser des services d'une prostituée sans honorer ses prestations…
André est habitué à m'entendre dire ce type d'âneries et il ne prend même pas la peine d'y répondre.

Mon Dieu! S'il y avait des micros…

Mais c'est ainsi, un habitacle de voiture de police et notamment celle d'une BAC, est le réceptacle de bien des choses qui n'ont aucun sens, aucun fondement mais qui, à part un baqueux, peut savoir cela?

Comment parvenir à faire comprendre à la société que ces hommes, sans doute pour repousser une réalité bien dégueulasse à gérer, pour ignorer des insultes permanentes et pour oublier un quotidien bien triste, peuvent se laisser aller à dire des choses pareilles.
L'humour de flic, l'humour que seuls les flics connaissent, comprennent et acceptent.

Mon cerveau est celui d'un flic et il a raisonné ainsi durant toutes ces années et pourtant jamais je n'ai dépouillé un dealer, cassé les jambes à qui ce soit ou abusé d'une prostituée.
Seuls les cons peuvent imaginer le contraire, les cons et les bovidés…!

Depuis mon fauteuil de pilote et malgré la buée persistante, j'observe, entre deux bêtises lancées, une voiture qu'il me semble reconnaître. Cette grosse berline allemande qui doit avoir plus de quinze ans et pas loin du million de kilomètres parcourus donne encore l'impression à son propriétaire de posséder une voiture de luxe dans cet univers de béton. Du luxe dans un endroit où il n'existe que le minimum, c'est un comble !

Mais la BMW ne laisse qu'une maigre sensation de richesse et même celui qui la possède n'ignore pas qu'elle est en fin de vie.

Je le connais ce conducteur et habituellement il vient me saluer, quitte à faire un détour et j'ai du mal à croire qu'il n'ait pas repéré notre véhicule pourtant bien visible. Il a rentré la tête entre ses épaules, il a tourné le regard pour éviter de croiser le mien.

Cette attitude m'intrigue et je sais que cet homme a quelque chose à cacher pour ignorer notre présence.

Est-ce la pluie qui a transformé ses habitudes et l'empêche de venir jusqu'à nous ?

Je ne le crois pas et je veux en avoir le cœur net.

Alors je démarre le moteur de mon auto et me place derrière la vieille BMW en lui faisant des appels de phares pour lui indiquer notre présence. Il est trois heures du matin et nous ne sommes que deux usagers de la route, lui et nous. Il ne peut donc nier notre présence et nos appels pour le stopper. Mais le conducteur, circulant à faible allure, refuse délibérément de s'arrêter et même s'il ne semble pas fuir, il poursuit sa route sans se soucier de mes appels lancinants et aveuglants.

Les coups de deux-tons qu'actionne Dédé ne parviennent pas non plus à provoquer une réaction de ce chauffeur. Alors je décide d'accélérer et de le dépasser afin d'immobiliser ma voiture devant la sienne et lui imposer un arrêt.

Il est maintenant contraint de stopper.

La pluie n'a pas cessé et mes deux collègues marquent leur mécontentement en me voyant quitter cet habitacle sec et chaud. Ils savent qu'ils sont obligés de m'accompagner car à la BAC on ne délaisse jamais un des leurs, on ne laisse pas un flic monter au contrôle en solitaire. C'est une question de sécurité.

André ronchonne et lance une flopée d'injures qui s'adressent autant à moi qu'à cette pluie qui transperce très vite nos vêtements.

Je souris en entendant pester mon ami.

Je ne me suis pas trompé, c'est bien Afid qui est au volant de la BMW mais je constate qu'il est éteint alors qu'habituellement il est extraverti et envahissant. Son regard est fuyant et son sourire est pincé.

– Salut Afid! Alors tu boudes? Tu ne nous a pas vus dans le rond-point du Baou?

– Non… Pas vu! répond Afid, gêné.

– Qu'est-ce que tu fous à cette heure-là dans ta caisse pourrie?

– Je rentre Marc, j'ai sommeil. Je vais me coucher, dit-il en frottant ses yeux tel un enfant dont le marchand de sable a empli ses paupières de sable.

Je ne le crois pas, je sais qu'il ment et mon agacement provoqué par cette pluie battante m'impose de vérifier très vite pourquoi il dit ces mensonges.

Afid a toujours été clair avec moi et, malgré son appartenance à une bande de jeunes voyous locaux, il ne m'a jamais manqué de respect. Sans doute lui dois-je cette attitude suite à une bien vieille affaire de laquelle je l'avais tiré.

Il était adolescent et des collègues l'avaient interpellé avec un peu de shit sur lui. Son père l'aurait tué et Afid était effrayé à l'idée d'être remis à l'autorité de ce dernier. J'avais négocié avec mes collègues interpellateurs et avais métamorphosé cette affaire en un sermon de vieux flic à un gamin que je pensais récupérable.

L'avenir me prouva que je m'étais trompé, après le décès accidentel de son père il embrassa avec ardeur une carrière de petit malfrat et se forgeait très vite une belle réputation. Mais mon intervention l'avait sans doute marqué et je bénéficiais d'une forme de respect de celui qui n'en accordait, depuis quelques années, à personne et en avait inévitablement oublié le sens.

C'est pour cela que notre échange ne dégénérait pas et que je parvenais même à faire descendre Afid de sa voiture pour me rejoindre sous les trombes d'eau.

J'étais détrempé et André n'avait pas cessé de ronchonner mais il ne m'avait toujours pas abandonné. Je savais qu'à l'issue de ce contrôle, l'ancien me taillerait un costume qui me conviendrait pour au mois trois hivers.

— Allez Afid, ouvre-moi ton coffre! lui dis-je en me dirigeant vers l'arrière de la voiture.

— Marc, s'il te plaît laisse-moi aller me coucher. Je suis épuisé et il est tard.

— Arrête de parler... On se mouille là! Allez ouvre vite!

Afid hésite, retourne dans sa voiture pour y récupérer son trousseau de clefs et fait mine d'appuyer sur la télécommande, en vain.

Je souris afin de l'informer de mon agacement et Afid me connaît suffisamment pour savoir que je n'aime pas que l'on se moque de moi. La relation que nous avions mise en place n'était ni amicale, ni courtoise, elle était simplement le résultat de nos diverses rencontres toujours sur fond de contrôles d'identité ou d'interpellations. Afid se mêle de tout et pense qu'il peut être, pour ses camarades arrêtés, l'ultime recours, voire même leur sauveur. Il doit se souvenir que j'ai libéré son frère que je venais d'interpeller dans une affaire de vol de voiture contre un tuyau qui m'avait permis de faire l'une des plus belles affaires de ma carrière.

Ce tuyau m'avait été donné par Afid lui-même après avoir négocié âprement la libération de son frère auquel il avait asséné deux merveilleuses gifles dont j'ai toujours un doute sur leur origine. Avaient-elles pour but de dissuader son cadet de devenir comme lui ou sous-entendaient-elles qu'il fut bien maladroit de se faire interpeller ?

Je n'ai encore pas la réponse.

Ce n'est donc qu'après cinq bonnes minutes durant lesquelles il tenta de me convaincre que son coffre ne pouvait s'ouvrir que je m'emparais de son trousseau de clefs et procédais moi-même à l'ouverture par une simple pression sur la télécommande.

Afid blêmit.

La pluie n'avait toujours pas cessé, tout comme les jurons débités par André dont j'étais toujours le destinataire.

Le coffre de la BMW était rempli de jean de toutes tailles et de diverses grandes marques.

Afid n'a pas bougé: «Marc... Je sais pas ce que c'est! Je te jure! J'ai prêté ma voiture à un gadjo du quartier et...

– Et... tu me prends pour un con!

– Non Marc pas ça entre nous! Tu sais comme je t'apprécie, je ne ferais pas ça!

J'ai toujours été marqué par cette capacité qu'ont les petits délinquants de jurer et de faire croire aux flics qu'ils sont incapables de trahir et de mentir alors que ce sont les bases mêmes de leur mode de vie.

Mais Afid connaît l'unique moyen de se sortir une nouvelle fois de ce mauvais pas, de cette fausse route. Il connaît mes méthodes et il sait bien que je ne raisonne pas comme la plupart des autres flics et que je ne suis animé que par les affaires, les belles affaires. Il sait qu'une affaire de recel de vol de jeans est déjà pas mal mais il n'ignore pas ce que je suis prêt à faire pour interpeller encore mieux et ce que je m'apprête à faire est pour lui une évidence. Il le sait si bien.

– Bon alors, tu sais que l'ont peut s'arranger, Afid? lui dis-je en souriant et en fermant le coffre.

– Ouais... Mais c'est compliqué! Ils vont finir par le savoir et ensuite... Ils vont me fumer! me rétorque Afid, effrayé.

En guise de réponse, je lui fais une simple grimace ou plutôt une moue qui met en évidence le fait que je me moque de son devenir et même de son avenir.

Je ne pense qu'à faire de belles interpellations, j'ai un cerveau de flic…

Afid ne dit mot, il se gratte la tête sans croiser mon regard.

– Bon, Afid, il pleut et j'en ai ras-le-bol. Je suis détrempé ! Alors ou tu me donnes quelque chose ou alors tu finis la nuit en garde à vue et compte tenu de ton CV, demain c'est la gamelle. On aura pas de mal à trouver d'où proviennent tes jeans et on te mettra sur le cul le casse du magasin.

Dans un même temps je fais mine d'attraper mes menottes que je porte en sautoir dans le creux de mes reins.

– Attends Marc…! Ça va! Laisse-moi réfléchir, dit Afid en mettant ses mains face à moi comme pour se protéger. Puis il m'invite à s'isoler. J'abandonne quelques minutes mes deux collègues sous les trombes d'eau.

Quelques instants après je réapparais en courant et m'engouffre dans notre voiture. Je n'ai plus un centimètre de peau sèche, j'ai froid mais le tuyau que Afid vient de me donner contre quelques jeans volés me donne le sourire.

André peste encore…

Je conserve le secret pour moi de longues minutes avant de démarrer le moteur en laissant penser mes frères d'armes que jamais je ne leur confierai ce secret qui finalement n'en est plus un.

Afid démarre en emportant ses jeans qu'il vendra dans la cité et nous nous interpellerons dans quelques jours un homme qui...

Plus tard, Afid m'a même proposé de me donner un jean de grande marque mais il n'avait déjà plus ma taille.

Mensonges

À Yann P.

Ce soir, j'organise le défilé des faux-culs au bal de la mauvaise foi et du mensonge.

Et c'est moi le maître de cérémonie...

En ces deux phrases, je pense que je suis en mesure de résumer ma carrière, mon engagement et ma vie au sein de cette police.

Le mensonge et la mauvaise foi ont jalonné ma vie professionnelle, ont accompagné mon cursus pour devenir, rapidement, les uniques bases de ce que je construisais.

Les faux-culs, eux, ont évolué à mes côtés sans faire partie de mon monde et sans pratiquer mes méthodes qui ne leur convenaient évidemment pas. Je les ai toujours détestés.

J'ai toujours pensé que je pouvais faire la police comme je l'entendais et je n'aurais d'ailleurs pu la faire autrement.

Je savais qu'il existait une lucarne par laquelle je pouvais passer pour me retrouver du côté des flics, près des quelques femmes et hommes qui pensaient comme moi et qui pratiquaient cette police-là, celle que je concevais comme la plus efficace et la seule qui avait une raison d'exister.

Mais je n'ignorais pas non plus que mes pratiques allaient déranger, perturber certains fonctionnaires de police et que les ennemis seraient nombreux et les embûches régulières.

Dénonciations potentielles, critiques régulières et regards suspicieux pour ne pas être assimilés à celui qui ne respectait ni les codes ni les règles bien qu'ils le jugeaient efficace et le classaient dans la catégorie, dont je ne reconnais d'ailleurs pas l'existence, celle des super-flics.

Mais n'était-il pas beaucoup plus confortable de montrer du doigt celui qui vivait son métier comme une passion, c'est-à-dire sans modération, que de s'engager comme lui dans une profession extraordinaire (au sens propre du terme) pour tenter de rendre un service public de qualité ?

Certains auraient aimé me ressembler mais je n'ai connu qu'une petite, une infime partie des collègues que j'ai pu approcher qui ont adhéré à mes pratiques. Mais il est vrai que c'est auprès d'eux que je me suis épanoui et que j'ai vécu des moments de police et de vie que je n'oublierai jamais, des instants qui ont contribué à faire de moi ce qu'aujourd'hui je suis fier d'être et assumer ce que je n'ai certainement pas honte d'avoir fait.

Ne dit-on pas qu'un mensonge vaut mieux qu'une mauvaise vérité ?

Vieux dicton rescapé de notre vieille langue, de nos vieilles habitudes, qui semble aujourd'hui n'avoir plus droit de cité.

La société change, évolue et n'accepte plus actuellement ce qu'elle tolérait jadis voire même ce qu'elle préconisait. C'est ainsi !

La police n'échappe pas à cette sanction et à son flot de réprimandes souvent véhiculées par la rumeur qui ne trouve pas de fondement dès lors qu'on interroge ses interlocuteurs au hasard d'une conversation à bâtons rompus et fait appel à des raisonnements basiques de bon sens.

Les méthodes policières dont je parle auraient donc été anéanties par la pensée unique, formatée par une envie effrénée de plaire, de correspondre à ce que le puissant pense et veut alors que ce dernier manie avec excellence et brio la démagogie et l'impose à nos propres vies ?

C'est donc ce que j'ai toujours pensé, c'est cette pensée unilatérale qui est à l'origine de la mort du flic que j'ai été.

L'aseptiser pour le rendre sans relief, pour le rendre acceptable aux yeux de ces gens qui ignorent tout de ce métier mais qui ont bien évidemment une idée, un avis sur ce qu'il doit être.

Le rendre insipide au palais et autres papilles gustatives de ceux qui ont eu une véritable histoire d'amour avec lui et les rendre si malheureux de ne plus pouvoir reconnaître ce goût si caractéristique qu'il était à même de procurer.

Le mensonge...

De peur que l'on jette sur moi l'opprobre du flic corrompu et menteur, dois-je cacher et nier mordicus ce que j'ai été ?

Pas seulement lorsque je me rase, je pense à cela et je ne détourne pas mon regard de ces yeux que me renvoie le miroir. J'aime bien mon regard, il est franc et sincère et ce qu'il a vu n'est pas digne de ce que pourraient penser ces personnes qui jugeraient mes actes passés.

Existe-il plusieurs types de flics, y a-t-il de la place au sein de cette institution et même de cette société, pour deux ou trois façons d'être policier ?

C'est la question qui devrait obséder les dirigeants et les flics eux-mêmes.

À mon sens non, il n'existe qu'une seule façon d'exercer ce métier, c'est celle de l'efficacité, c'est celle qui différencie catégoriquement les flics des fonctionnaires de police.

Mais cela dépend bien évidemment de la définition que les flics eux-mêmes ont de leur mission, de leur job et de ce qu'ils doivent faire et être pour rendre un service de qualité que les citoyens sont en droit d'attendre.

C'est depuis ce postulat-là que les policiers vont se muer soit en défenseurs des pierres angulaires de notre démocratie dans un respect total des règles établies, soit en une espèce de mutant faite de bon sens, de passion et de soif d'efficacité qui leur permettront d'omettre l'obéissance aveugle à des textes qui alourdissent ceux qui se sont donnés comme mission et qui n'était au départ qu'un métier.

Ce sont ces derniers qui feront les belles heures des services de police, soient-ils prestigieux ou anonymes, et qui permettront à des ministres de s'appuyer sur des résultats afin de construire une carrière.

Mais savent-ils comment certains de ces résultats ont été obtenus ?

Si les flics, eux-mêmes à l'origine de ces belles affaires, confiaient les moyens et les méthodes qui ont permis d'avoir telle ou telle résolution, il va sans dire que ces mêmes ministres tomberaient de haut, de très haut même.

Mentir pour servir…

Cette devise, si proche de celle des honorables pompiers (sauver ou périr) a été la mienne durant ces années. Je n'affirme pas que j'ai été un mythomane effréné mais il paraît plus qu'évident que j'ai vécu dans un monde où la référence était la contre-vérité.

Tant en ce qui concerne ma vie privée qui était réduite, par l'omniprésence de mon métier, à sa plus simple expression qu'en ce qui concerne ma vie professionnelle, je n'ai vécu que dans des mondes virtuels dans lesquels je n'étais qu'un personnage de jeu, voire même de bandes dessinées, le tout parfois compliqué et souvent périlleux.

Mes histoires d'amour se sont mélangées à des histoires de fesses pour parfois ne plus arriver à défaire le vrai du faux, l'envie du besoin et le plaisir du dégoût.

Mes aventures professionnelles et ce qu'elles me procuraient m'ont inévitablement permis d'avancer dans ces méandres d'un labyrinthe dans lequel moi-même n'étais pas désireux d'en trouver la sortie.

Je l'ai souvent dit et écrit: C'est bien là que je me trouvais le mieux car c'était comme cela et uniquement ainsi que je concevais mon métier de «poulet».

Alors le mensonge s'est imposé de manière normale, évidente même. Confronté sans cesse à des agressions et à des impératifs, il était devenu inéluctable de mettre en place les moyens et les dispositifs qui allaient nous permettre de répondre aux difficiles exigences de notre métier.

Il me paraît important de préciser que ce n'est pas l'administration qui met en place des moyens qui vont aider les flics à bosser.

Dans ce métier, les filets dont les acrobates bénéficient n'existent pas. Les flics s'écrasent et sont parfois même sacrifiés.

Amélioration de la vérité, bricolage du récit des faits et véritables mensonges en ce qui concerne nos méthodes par rapport à la nécessité de riposter aux attaques en règle dont nous étions victimes ont ouvert la voie du mensonge.

Comment justifier le mensonge sans susciter les affres de mes lecteurs?

Comment dire à celui ne veut pas l'entendre que ces contre-vérités étaient indispensables?
Et comment dépeindre à ces mêmes personnes les situations alambiquées auxquelles j'étais confronté et qui ne laissaient que deux choix, celui de faire front ou celui de fuir?

J'ai considéré, peut-être à tort, que je devais jongler avec le mensonge, les arrangements et le bricolage pour pouvoir arrêter des voyous.
Me suis-je fourvoyé dans cet exercice?

Mon cerveau bouillonne. Venez voir ce qu'il s'y passe pour pouvoir le comprendre raisonner.

Je n'ai menti que pour servir…
Mais servir qui et à quoi?

Depuis une fenêtre

À Patrick H.

Le voleur de voiture que nous avons interpellé est embastillé depuis plus de deux heures maintenant et les circonstances de son arrestation rocambolesque provoquent encore nos rires.

C'était un pauvre bougre qui avait dérobé une deux-chevaux moribonde et qui refusait de stopper à nos injonctions en nous imposant de le suivre à très faible allure sur toutes les petites routes de la ville. Une course-poursuite qui n'en était pas une, une poursuite vouée évidemment à l'échec pour le fuyard qui nous avait beaucoup amusés.

Alors que j'en avais assez de le suivre, je plaçais ma voiture devant la sienne, en le dépassant aisément, pour l'obliger à percuter notre voiture.

Ivre mort, il ne freinait même pas et laissait sa vieille guimbarde s'écraser contre mon parechoc. La vieille deux-chevaux nous fit évidemment penser à celle que conduisait Bourvil dans *Le Corniau* lorsque les deux ailes et la calandre explosaient littéralement au moment du choc.

Je ne pouvais sortir de ma mémoire la boutade que fit André en constatant les dégâts sur l'auto en s'inspirant du film précité :

«Ah ben maintenant elle va fonctionner moins bien!»

André avait cette capacité de conserver son humour en toute circonstance, excepté lorsqu'on lui manquait de respect.

Alors ses moustaches à la Salvador Dali semblaient frétiller et s'il venait à les caresser, ce geste laissait présager que le malotru allait passer un sale moment.

Il porta ainsi plusieurs gifles pédagogiques après avoir caressé les poils qui lui ornaient magnifiquement bien le dessous de son nez et, à chaque fois, il en fut soulagé. Les voyous ont parfois besoin que les bonnes manières leurs soient rappelées et pas forcément pas un moustachu à l'humour omniprésent d'ailleurs.

Pour quelques instants, André le sage se transformait alors en père fouettard que les géniteurs de ces jeunes gens n'avaient jamais été et en ignoraient même le rôle, le sens et la portée que pouvaient avoir leurs carences dans ce domaine.

Nous étions là pour le constater, pour le subir et le déplorer aussi.

Nos éclats de rire étaient soudainement interrompus par les crépitements rauques de notre radio. La voix morne, monocorde et impersonnelle nous ordonnait de nous rendre immédiatement dans une rare résidence bourgeoise qui subsistait au milieu de ces nombreuses cités défavorisées.

Tel le village Gaulois d'Astérix, elle survivait là mais était régulièrement la proie des assauts de ces pies voleuses qui en veulent à ce qui brille.

En fait, ici, rien n'était brillant mais simplement un peu moins terne que là-bas, près des grands ensembles gris.

Le motif de cette mission était de mettre fin à un vol avec effraction et d'interpeller évidemment les voyous qui avaient arraché un rideau métallique d'une boutique d'informatique et en dévalisaient le stock.

La voiture des malfrats était stationnée devant la boutique et s'emplissait apparemment de matériel avec une facilité déconcertante.

Je lançais immédiatement et sans réfléchir notre voiture administrative en direction de ces lieux et surtout de ces voyous.

Nos instincts de flics venaient d'être réveillés, notre motivation atteignait instantanément son paroxysme.

Pas une hésitation, pas une crainte et pourtant nous ignorions encore ce qu'il allait se produire.

Mais l'aurions-nous su que nous n'aurions pas agi différemment.

En quelques minutes, deux à peine, nous faisons notre entrée dans la résidence. Il fait nuit et nos feux de route sont coupés malgré notre vitesse excessive.

Quelques virages négociés puis nous sommes sur le grand parking qui longe les commerces dont celui qui est la proie des voleurs.

Leur voiture est une BMW sombre et les sièges arrière ont été retirés pour laisser de la place au butin. Un individu portant une cagoule est au volant alors qu'un deuxième fait des allers et retours entre le magasin, dont la sirène hurle, et l'arrière de leur véhicule. Son visage est aussi dissimulé.

Immédiatement, ils repèrent notre voiture qu'ils doivent déjà connaître et prennent la fuite. Le gros moteur de la BMW hurle et les quatre sorties d'échappement lâchent un son métallique que mon oreille de passionné de sport automobile remarque et ce malgré le stress de cette intervention.

L'arrière de la BMW est plein et les cartons de matériel dissimulent les occupants. Leur départ est très rapide et déjà leur vitesse est sidérale.

La BMW M5 fait valoir sa suprématie et son V10 propulse la bête sur le bitume qu'elle semble dévorer.

Notre voiture de police, malgré son gabarit et son moteur que nous pensions puissant, ne développe pas suffisamment de chevaux pour rivaliser avec le bolide.

Pas le temps de dire un mot que la BMW disparaît sur l'autoroute toute proche dans un nuage de poussière et de fumée.

Je rage de ne pouvoir les suivre...

Agacé par notre voiture qu'habituellement j'apprécie, je me résigne à retourner sur place afin de constater l'ampleur des dégâts du cambriolage et préserver les lieux en l'état avant l'arrivée du propriétaire.

Pour ce faire, j'emprunte le même chemin qu'à l'aller et je place notre voiture banalisée à l'endroit même où était stationnée celle des malfrats.

Nos feux sont toujours éteints et cette fois-ci notre vitesse est excessivement lente.

La sirène du magasin hurle toujours mais personne ne semble avoir jugé nécessaire de descendre, comme si les sons stridents de l'alarme n'avaient réveillé aucun résident.

Lentement, nous mettons pied à terre et nous portons, tous trois, vers la devanture vandalisée.

Nous ne sommes pas méfiants, nous n'adoptons pas une posture de flic. Pas d'arme au poing, pas de brassards ni même de gyrophare.

Je shoote dans les débris de verre qui jonchent le sol alors que je suis précédé par un de mes collègues. Le second me suit de près.

Nous n'avons pas le temps de parler, d'échanger, juste la possibilité de déplorer le «cambu» et constater notre échec sur cette affaire où les voyous ont emporté beaucoup de matériel et ont réussi à prendre la fuite.

C'est donc ce que nous détestons le plus, l'échec total!

Mais alors que nous progressons encore vers la vitrine brisée, nous sommes les cibles de coups de feu provenant certainement d'une fenêtre d'un bâtiment proche.

Deux détonations sont immédiatement suivies d'impacts de projectiles sur le bitume. Les balles frappent le sol en sifflant et il nous faut quelques dixièmes de seconde pour comprendre ce qui se déroule.

La réponse n'est pas celle que l'on peut voir dans les films. Dans notre position nous sommes vulnérables et à découvert. Nous allons donc servir de pigeons à un tireur qui vraisemblablement fait une méprise terrible.

Notre inconscience et la routine que l'on pense pourtant combattre au quotidien nous ont imposé de sortir les mains dans les poches sans exhiber les signes de notre fonction sur les lieux d'un délit.

Un frisson parcourt mon dos lorsque j'imagine que je peux mourir là alors que j'ai pris une multitudes de risques stupides, irréfléchis et dérisoires dans des situations de police périlleuses. Là, il ne devrait y avoir aucun péril...

Quelle connerie!

Le tireur n'a pas terminé son ball-trap et il semble qu'il veuille bien tirer profit de sa position haute que nous ne parvenons évidemment pas à localiser. Dans la nuit, il bénéficie également de l'anonymat et semble avoir trouvé le moyen d'assouvir son rêve, plomber un voyou! Il est bien entendu impossible de riposter et d'ailleurs l'envie de nous protéger est bien plus supérieure à celui de faire usage de nos armes. L'idée ne me traverse même pas l'esprit.

Un autre projectile vient frapper le sol alors que nous avons trouvé refuge près de notre voiture.

Il me semble être un lapin de garenne lâché dans un enclos et subir les tirs incontrôlés d'un chasseur fou.

Je sue abondamment et mes deux collègues tentent de se faire entendre du tireur en hurlant:

– POLICE!!! C'est la Police... MERDE!!!

Mais le snipper n'entend pas et réitère ses tirs dans notre direction. Une autre balle frappe le bitume et je n'aperçois plus que les fesses de mes deux amis qui tentent de s'engouffrer dans la voiture.

Bien piètre protection mais l'instinct de survie nous commande cela et, comme un seul homme, nous nous engouffrons dans l'habitacle.

Je parviens péniblement à atteindre le boîtier de commande des avertisseurs sonores et lumineux et frappe de mon poing celui du deux-tons et du gyrophare.

Lionel place le gyrophare sur le tableau de bord, il crache immédiatement sa lueur bleue et brise par intermittence la nuit profonde.

Nos hurlements n'ont pas cessé, nos peurs n'ont pas diminué !

Maladroitement et sans fermer les portières de notre voiture, je démarre pour fuir cet endroit, pour ne plus servir de gibier.

Notre fuite est ridicule, notre auto bondit en franchissant un ralentisseur, nos portières sont encore béantes.

Je ne peux immobiliser mon auto qu'en ayant atteint la sortie de la résidence. Nous ne sommes plus à la portée des tirs, nous pouvons souffler et faire le point.

Mon instinct de préservation m'ordonne de fuir mais je suis flic et je dois rester là. Alors je stoppe afin de faire un bilan, afin de questionner mes collègues.

La peur et la joie d'être encore en vie se lisent sur nos visages et je retourne sur ces lieux. Cette fois notre gyrophare est en action et je me place aux pieds des grands bâtiments pour hurler ma colère engendrée par la peur et sans doute par la joie d'avoir échappé à cette effroyable méprise.

Le son de ma voix résonne et parvient même à couvrir les hurlements de la sirène du magasin dévalisé.

Je ne tarie pas d'insultes, je ne cesse pas d'invectiver celui qui nous a tiré comme des lapins mais personne ne se manifestera, personne n'assumera ces actes fous.

Mais qui sont les plus fous?

Celui qui, excédé, voulait défendre des biens ou ceux qui sont allés s'exposer à l'inconscience de ce même homme?

Ne doit-il pas lui aussi être rassuré de ne pas avoir touché ses cibles?

Nous n'avons pas cherché à savoir qui était cet homme, il a disparu dans la nuit derrière ses fenêtres, derrière sa bêtise aussi.

Nous sommes allés dévorer un kebab gras et infect pour oublier que nous avions servi de pigeons, pour peut-être oublier encore une fois que nous aurions pu laisser là notre vie pour quelques ordinateurs dérobés.

Mais putain! Qu'est-ce que j'aimais ces moments-là!

Abandon

À Christophe B.

À cette époque-là, je ne me posais pas cette question, je ne me demandais pas si ce que je faisais était bien ou mal ou si je devais le faire de cette manière avec autant d'investissement ou si je devais modérer mon ardeur à être le flic que j'étais.

Il était tellement évident que mes attitudes étaient conformes à ce que je pensais et surtout à ce que je pensais que la société attendait de moi que cette interrogation ne traversait même pas mon esprit.

M'en suis-je convaincu au fil du temps ou est-ce que j'avais toujours voulu faire ce métier de cette façon-là?

Je sais aujourd'hui que j'ai embrassé cette profession pour effectuer ma mission ainsi et certainement pas autrement. Comment aurait-il pu en être autrement alors que ma vision de la justice sociale était déjà bien ancrée dans mon crâne?

Comment aurais-je pu raisonner différemment alors que ma vision de ce que devait être un flic était celle-là et que j'avais été bercé par cela?

Dans les quartiers dans lesquels j'ai grandi, on accepte la sanction lorsqu'elle est juste, on tolère même la violence lorsqu'elle est nécessaire.

J'avais toujours vécu dans des quartiers où la mixité sociale et ethnique était les fondements de ces raisonnements.

J'ai vu grandir les petits italiens aux côtés des fils d'espagnols, les fils d'arméniens avec les petits maghrébins et les africains côtoyer les gamins dont les origines étaient pour moi inconnues mais faisaient partie de mon équipe de football et partageaient mon quatre heures.

J'ai vu les familles modestes évoluer, comme la mienne, dans des cités qui n'étaient évidemment pas celles qu'elles sont aujourd'hui, mais qui concentraient tout de même tous les ouvriers étrangers qui refusaient d'oublier leurs origines culinaires, vestimentaires ou religieuses.

Je les ai vus vivre en harmonie et ils m'ont beaucoup appris de ce que je sais aujourd'hui. Indéniablement, ils m'ont appris à être flic comme ils pensaient qu'un policier devait être.

Respectable pour être respecté, efficace pour être apprécié! M'ont-ils également inculqué les méthodes pour y parvenir?

Je ne peux encore répondre à cette dernière question et y répondre par l'affirmative, ne serait-il pas les rendre responsables de mes dérapages, de mes positions et surtout de mes méthodes que je regarde aujourd'hui

avec le recul qui me donne le courage de les décrire et
de les assumer?

J'ai été cadré, j'ai été encadré par des parents présents
et aimants aux côtés d'un frère que j'adulais et qui me
servait de modèle. Durant ma jeunesse, je n'ai donc pas
été abandonné mais ne l'ai-je pas été alors que j'étais
adulte et flic?
Il paraît évident de s'interroger sur cette notion
d'abandon, sur le soutien, la présence et la ligne de
conduite que devait me donner cette police. Elle me
le devait!
Il n'est pas aisé de raconter comment un flic, même
appartenant à la base, peut se sentir seul, peut interpréter et confondre l'autonomie avec l'abandon.
N'est-ce pas ce que j'ai fait?
N'ai-je pas pensé que j'étais seul au monde, face à une
bête infâme pour légitimer mes méthodes?
Ne me suis-je pas placé dans cette position pour
parvenir à me persuader qu'il n'existait pas d'autres
solutions, d'autres attitudes à avoir pour combattre ce
que je pensais être un monstre?
Je vais répondre à tout cela durant mon récit.

Comme à mon habitude, je vais aller chercher le sens
du mot, de ce mot que je veux décortiquer, disséquer,
pour qu'il me permette d'apporter les réponses aux
questions qui me rongent encore.
Abandon: délaisser, faire défaut...

Voilà les significations que j'ai pu trouver, voilà le sens de ce mot qui aurait été, je pense, à la base de ce qu'il s'est passé dans ma tête dès que j'ai endossé mon uniforme.

J'ai donc été délaissé et tout m'a fait défaut.

Je réfléchis, je cogite et je gamberge et je ne peux me convaincre du contraire. Je ne peux m'empêcher de penser que c'est bien cela que j'ai ressenti.

Aurais-je dû adapter dès lors mes comportements, aurais-je dû être celui qu'ils auraient tant aimé que je sois, un flic discipliné respectant à la lettre les textes et les règlements même lorsqu'ils ne permettent pas de rendre service au public ou même mieux encore lorsqu'ils desservent l'intérêt du public?

Dans ce contexte-là, indéniablement il aurait fallu que je sois cela!

Pourquoi ne l'ai-je donc pas été?

Parce qu'évidemment cela ne correspondait pas à ce que j'avais dans la tête, dans mon crâne. Et parce que je devais être utile, je devais servir comme je voulais le faire et non pas comme il fallait le faire.

Face à une situation de crise, sur le terrain face à des individus armés, dangereux et déterminés, je n'ai jamais vu d'autres façons d'être que la mienne.

L'efficacité au détriment du respect des règles!

Ai-je été moi-même dangereux?

Oui, pour moi et mes collègues, mais surtout pour ceux qui en voulaient à nos intégrités physiques et qui auraient utilisé tous les moyens pour y parvenir.

Alors je suis entré dans un jeu, dans un monde virtuel, pour ne devenir qu'un guerrier de la paix au lieu d'en être seulement le gardien.

Oui j'ai été abandonné! Oui j'ai été laissé seul sur le terrain à gérer des situations inextricables dont il fallait bien sûr que je m'extirpe. On ne m'a jamais donné les clefs de ces portes que je me devais d'ouvrir, on ne m'a jamais dit comment il fallait faire pour arriver à apporter une solution à un problème que personne n'était plus capable de gérer.

On m'a laissé là, face aux multiples dangers, tentations, larmes et misères, en espérant de moi que j'allais être à l'origine d'une paix sociale que plus personne ne veut connaître, que plus personne ne sait comment rétablir.

On m'a laissé éteindre un incendie que les autorités, les responsables politiques avaient eux-mêmes allumé.

On m'a même rendu responsable de l'échec des orientations prises en matière de sécurité dans certains quartiers où pourtant j'étais le seul à me rendre.

Mais sans pour cela me donner les outils que cette tâche énorme m'imposait de posséder.

Je n'étais que doté de mon amour de ce métier, de mon abnégation et de mon sens du service public.

Je devais donc disparaître!

Il fut un temps où je bénéficiais d'une telle autonomie qu'elle me confortait dans les orientations que j'avais prises.

La liberté n'était-elle pas en fait de l'abandon pur et simple?

Les directives étaient nulles, l'encadrement néant et le soutien fébrile. Ainsi, il était inéluctable de construire ce qui me faisait tant défaut, à savoir un accompagnement dans l'exécution de ma mission.

Je n'avais qu'un impératif, celui d'être efficace.

Je n'avais qu'un devoir, être au service de mes concitoyens.

Comment aurai-je pu agir différemment ?

Alors pour ne plus que des flics comme moi continuent à exister dans une telle police que l'on veut aseptisée, ils ont tué ce que nous étions...

Heures légales

À Joël R.

L'incendie vient de ravager un local à poubelles. Les pompiers roulent leurs tuyaux dans un bruit de moteur de camion qui maintient tout le voisinage en éveil à cette heure avancée de la nuit.

Il n'y a pas eu de victime, seulement des dégâts matériels que le bailleur social indemnisera. Il est habitué à donner de l'argent pour refaire, pour réparer tout ce qui ici n'est qu'éphémère.

Il n'y a pas eu de victime et pourtant lorsque je relève la tête, je réalise que cette tour compte douze étages, chaque niveau compte quatre appartements et chaque logement abrite une famille avec des enfants parfois en bas âge.

On a évité une nouvelle fois un drame.

Le feu a pris là, au bas de cet immeuble et seulement des fumées ont incommodé les habitants des premiers appartements, qui ont été invités à laisser leurs fenêtres ouvertes pour aérer leur logis.

Elles sont restées ouvertes mais plutôt pour observer, pour ne rien manquer de ce qu'il se passe là et, qui sait, peut-être voir la police interpeller l'incendiaire sous leurs yeux.

Ce serait un merveilleux spectacle doivent-ils penser.

Mais la police n'interpellera personne, elle est occupée à faire des constatations, à relever des identités ou à faire circuler des badauds bien envahissants qui, s'ils n'étaient pas repoussés, viendraient mettre leurs pieds dans les braises encore incandescentes, viendraient voir si aucun cadavre n'a été découvert au milieu de ces ordures fumantes.

Ceux-là aussi seront déçus, ils ne verront pas de cadavre, pas de corps calciné.

Quelle déception !

C'est la quatrième fois, en deux semaines, que le feu a été mis dans cette tour. À chaque reprise, l'incendiaire n'a pas varié dans son mode opératoire, rien n'a été différent des précédentes fois.

Il a récupéré des papiers, des cartons et les a placés devant une porte de bois avant d'y mettre le feu.

Pas de carburant, pas d'hydrocarbure pour attiser mais seulement des papiers entassés devant une porte de logement du rez-de-chaussée, d'un local à vélos et, cette fois, du local à poubelles.

Les familles peuvent aller se coucher maintenant, les pompiers ont terminé de récupérer leurs matériels, le bruit de leur camion s'éloigne lentement. La zone redevient calme, sereine presque.

Seuls, quelques rats patientent aux abords que notre équipage ait quitté les lieux pour se jeter dans les immondices et boulotter ce qui aurait échappé aux flammes.

Ce soir, les rats mangeront chaud.

Les quelques habitants qui avaient trouvé dans ce déploiement de camions rouges et tricolores une occasion d'assister à un spectacle rechignent à partir. Ils traînent et profitent du départ de la police-secours pour enfin approcher et renifler cette puanteur comme si les policiers les en avaient privés.

Ils semblent même s'en délecter à présent.

Alors, comme par atavisme, comme par une attraction étrange, ils vont approcher pour regarder, pour s'imprégner même de je ne sais quoi.

Ils veulent voir, ils veulent savoir où le feu a pris et faire le film catastrophe de ce qui aurait pu se passer si l'appel aux secours n'avait pas été donné assez vite.

Ils imaginent, ils envisagent et pestent évidemment contre celle qui aurait dû être là, celle qui aurait dû empêcher cela, celle qui aurait déjà dû interpeller le criminel, la Police!

Automatiquement les insultes fussent, les crachats et les projectiles tombent à nos pieds sans atteindre nos corps et nos têtes mais viennent heurter nos âmes et nos sensibilités.

Il faut partir, il faut reculer pour laisser ceux qui ne sont là que pour chercher l'affrontement, ceux qui, par un raccourci facile, vont nous rendre responsable, de l'incendie.

Alors que nos mères sont gratifiées de putes et de salopes, nous quittons les lieux en esquivant les glaires visqueuses qui nous étaient destinées.

L'une d'elle vient s'écraser sur notre pare-brise arrière.

Elle dégouline aussi lentement que nous sortons de cette cité.

Les bras et les doigts d'honneur se substituent aux au-revoir.

Je serre mes poings et mes mâchoires…

La nuit se poursuit mais l'incident nous a contrarié, nous a laissé des traces. Nous sommes calmes, différents des autres nuits, sans doute les crachats et les insultes, alors que nous étions là pour leur porter assistance, ne passent pas.

Ils nous détestent…

Alors je tente malgré tout de raconter mes dernières parties de jambes en l'air pour détendre cette atmosphère plombée mais rien n'y fait.

Mes détails croustillants, voire salasses, ne décrochent même pas le sourire de ceux qui habituellement en sont si friands.

Je n'ai, ce soir, aucun succès auprès des miens. Je n'en ai pas eu non plus tout à l'heure dans la cité…

Les heures s'étirent en longueur et le bandit ne vient pas, il ne montre pas le bout de son nez.

J'ai beau implorer les dieux des flics ou solliciter une force surnaturelle qui pousserait les voyous dehors mais je n'obtiens comme réponse qu'un énorme rot, chargé de fragrances huileuses de reste de kebab ingurgité à la hâte dès notre prise de service, de mon ami assis à l'arrière de notre voiture.

Je suis consterné…

Seuls le moteur et les quelques éructations incontrôlées de mon ami ponctuent notre patrouille.

Je jette un œil sur mon compteur kilométrique et réalise que nous avons parcouru, durant cette nuitée, plus de cent-vingt kilomètres. J'en fais part à mes deux collègues, ils ne relèvent pas. Je me sens bien seul !

Machinalement, je dirige lentement ma voiture vers la cité dans laquelle l'incendie s'est déclarée. Je ne saurais dire pourquoi d'ailleurs je me retrouve là devant le bâtiment et notre arrivée fait fuir les rongeurs affamés.

Les badauds sont bien couchés et même les provocateurs ont disparu. Je ne fais aucun bruit, notre voiture bénéficie d'un élan et je n'ai nullement besoin du moteur pour avancer. Comme à l'accoutumée les feux sont coupés.

Je laisse la grosse voiture se poser, terminer sa course dans un étrange silence et, alors qu'elle vient mourir contre un trottoir, Laurent bondit de la place à l'arrière et court vers le bâtiment précédemment incendié.

– Y a un mec là… Il était planqué là ! hurle-t-il en franchissant le seuil de la porte du bloc.

Immédiatement je lui colle au train, je l'ai rattrapé mais à notre arrivée dans le bâtiment l'individu a disparu.

Nous stoppons notre course et tentons de réguler nos souffles afin d'écouter les bruits qui pourraient nous aider à localiser de nouveau le fuyard.

Nous constatons que cet homme a abandonné, dans sa fuite, un briquet et une bouteille d'essence de térébenthine.

Ses précédents échecs lui ont appris que l'ajout d'un carburant faciliterait son crime.

Nous patientons encore quelques secondes puis nous parvenons à entendre des bruits provenant de l'étage supérieur. Il doit être juste sur nos têtes et il se cache.

Lentement, je gravis les marches et aperçois l'homme plaqué contre un mur. Il sue abondamment et retient un souffle court.

Je fais un signe à Laurent pour lui signifier que notre homme est juste là et je monte encore un peu plus les marches.

Sans me voir, l'homme glisse le long du mur jusqu'à une porte d'appartement qu'il ouvre. Il s'y engouffre, la porte claque derrière lui.

Habite-t-il là ?

Pourquoi incendier l'immeuble dans lequel il vit ?

Ces questions traversent mon esprit à grande vitesse.

Déçu, je rejoins Laurent et l'informe de ce que j'ai vu.

Surpris, Laurent m'interroge mais je ne suis pas à même d'apporter les réponses aux questions que je me pose également.

– Qu'est ce que l'on fait ? me questionne Laurent.

– On va le sauter, faut qu'il reste là ce con ! Il serait capable de mettre le feu chez lui. Je réponds immédiatement.

– Comment faire ? Tu as vu l'heure ? s'inquiète Laurent.

– Je m'en branle de l'heure…

Il est trois heures du matin et les heures légales, pour pénétrer dans un logement dans le cadre d'un flagrant délit, ne débuteront que dans trois heures, à six heures.

Mais moi je m'en moque, je connais évidemment les dispositions du code de procédure pénale et je sais à quoi je m'exposerai si je ne les respectais pas, mais le monde dans lequel je travaille, évolue et vis même, me commande d'aller interpeller cet homme.

Par quoi suis-je animé à ce moment-là ?

Uniquement par la nécessité de mettre hors d'état de nuire un individu dangereux.

Mais le code de procédure, lui, ne fait pas état de mes dispositions intellectuelles, il ne répond qu'aux impératifs législatifs et à des règles à appliquer à la lettre.

Il ne laisse pas la place à l'à peu près ou à l'interprétation et notamment dans le cadre des heures légales.

Je me dois donc de patienter devant la porte de ce logement jusqu'à six heures et comme les officiers de Police Judiciaire ne prennent leur service qu'à huit heures je devrais patienter jusque-là.

Mais je ne l'entend pas comme cela, je ne peux me résigner à laisser ce criminel passer une fin de nuit dans son lit et je m'imagine, sans doute pour mieux m'en convaincre, qu'il va allumer l'incendie depuis chez lui.

Mon cheminement est évident, il faut que j'invente un motif qui me permettrait d'entrer dans le logement sans attendre les heures légales et sans avoir obtenu l'assentiment du mis en cause.

Il est aisé pour moi de trouver ce stratagème, il est bien facile d'imaginer une histoire et de l'écrire, même sur un procès-verbal d'interpellation. Je sais que je vais inventer un motif d'interpellation et sans aucune hésitation mais avec un culot énorme, je frappe à la porte du logement en indiquant à haute voix notre qualité.

Laurent me regarde stupéfait, il ne dit mot mais ne désapprouve pas non plus, il se positionne sur le côté gauche de la porte afin d'éviter un éventuel coup de feu provenant de l'intérieur.

Je cogne énergiquement une deuxième fois à la porte mais aucun mouvement ne se fait entendre. J'insiste vivement afin de rendre les coups que j'assène à la porte deviennent insupportables. Je m'aide de mes pieds et frappe violemment le panneau de bois en hurlant notre qualité et le motif de notre présence.

Parfois je croise le regard de Laurent, il demeure interrogateur.

Puis, contre toute attente, les clefs effectuent une petite rotation dans la serrure. Les deux autres verrous se libèrent aussi et la porte s'entrouvre. Le visage de Laurent s'illumine, le mien reste fermé.

L'homme qui se présente à nous est bien celui que nous avons poursuivi précédemment. Il a simplement retiré son tee-shirt et exhibe, par le petit angle de l'ouverture, un torse nu.

Il ne parle pas, il ne regarde pas mes yeux mais fixe ses pieds nus en maintenant la porte contre son épaule pour éviter sans doute que nous la poussions.

Je ne parle pas non plus et je profite que l'homme rajuste sa position en se déséquilibrant un peu.

Immédiatement, je donne un violent coup de pied dans la porte qui vient frapper le visage de l'homme, le bruit est sourd et il vacille sous l'effet de la surprise et du choc qu'il vient de recevoir dans la face.

Il lâche la porte et recule d'un pas en portant ses mains jointes sur son visage.

Instantanément, Laurent et moi forçons le passage et pénétrons, malgré l'heure, dans le logement.

Nous sautons sur l'homme et le maîtrisons en lui plaçant les menottes.

Il est immobilisé, son visage rougi s'écrase sur le carrelage froid et nos mains viennent se frapper pour fêter cette interpellation.

– Après avoir frappé à la porte de l'appartement concerné et avoir fait état de notre qualité, de notre fonction et avoir énoncé le motif de notre visite, constatons que le nommé...... ouvre sa porte.

– Dès lors, invitions cette personne à bien vouloir nous accompagner au siège de notre service afin de s'expliquer sur les faits qui lui sont reprochés.

– Disons que monsieur...... accepte sans difficulté de se rendre au commissariat.

Ainsi fut libellé le procès-verbal d'interpellation !

Autonomie

Je n'ai jamais douté que l'autonomie dont je bénéficiais restait essentielle à la bonne application de
mes méthodes.

Pas de pression de la hiérarchie pour atteindre un quelconque objectif, pas de contrainte, pas d'autorité sur le
dos à veiller sur ce que nous faisions ou ne faisions pas,
et une liberté dans la gestion des affaires que nous avions
à vivre parvenaient à établir ce sentiment d'autonomie.
Mais il ne s'agissait pas seulement d'un sentiment,
c'était une évidence.

Dans ce métier, et surtout comme j'entendais le faire,
il est impératif de faire confiance aux hommes de
terrain. Sans cela, ils ne deviennent qu'une force molle
incapable de prendre des initiatives par crainte d'une
sanction, une troupe lobotomisée exécutant stupide-
ment des ordres inadaptés mais correspondant, comme
aujourd'hui, à des objectifs, des résultats à atteindre.

Le flic, et non le fonctionnaire de police, doit se nourrir de cela, il doit sentir qu'il demeure le seul maître sur le terrain et que la décision qu'il prendra, souvent de manière instantanée, ne sera pas jugée, exceptée si elle s'avère dramatique ou lourde de conséquences. Ainsi libéré de cette charge, de cette épée de Damoclès, il ne sera que plus efficace.

J'ai connu cette liberté, cette autonomie d'être flic de terrain. J'ai connu cette sensation qui faisait notre force, cet état qui faisait de nous de véritables rivaux de ces délinquants déterminés.
Oui, c'est comme cela que nous nous positionnons…
Comme des rivaux et non pas comme des fonctionnaires de l'état car souvent nos méthodes étaient bien semblables.
Si nous nous étions contentés d'être ce que les vagues ordres nous imposaient d'être, jamais nous n'aurions gagné la guerre ou du moins les innombrables batailles auxquelles nous étions confrontés.
C'est donc l'autonomie qui nous permettait d'avancer, d'être efficaces !

J'ai opposé ci-dessus l'abandon à l'autonomie et mes propos semblent se mêler pour ne parvenir à ne donner qu'une incohérente définition de ces deux termes.
J'ai bien sûr été abandonné mais j'ai dû penser qu'il s'agissait d'autonomie, de liberté.
Mais la définition-même de la mission qui devait être la mienne ne devait-elle pas être un savant mélange de tout cela ?

Liberté, autonomie, confiance…
Mais à quel moment commence l'abandon ?
À quel moment ai-je été lâché ?
La ligne entre chacun de ces mots, termes, sentiments, positions s'avère extrêmement difficile à définir et elle va varier en fonction de celui qui va les manier, les appliquer ou même les contrôler. Mais aussi en fonction des contextes politiques, humains, stratégiques et bien d'autres.

L'autonomie non mesurée implique fatalement l'abandon et cette dernière engendre automatiquement les pratiques que j'évoque pour celui qui veut rester flic. C'est une condition sine qua non à la fonction de flic, un automatisme indispensable à ce que le citoyen est en droit d'attendre.

J'ai tout mélangé, j'ai fait un amalgame de tous les paramètres que mon métier me donnait de mesurer, de vivre et de subir pour n'en faire qu'une chose informe, une sphère qui me servait de bulle et dans laquelle j'avais trouvé ma place.
Informe car dénuée de base légale, sphérique parce que les angles blessent et une bulle car préservée de tout ce qui aurait pu mettre à mal mes artifices, mes mensonges et autres arrangements.
Je crains de ne pas être compris, j'appréhende d'écrire tout cela sans pouvoir, sans parvenir à trouver la pédagogie nécessaire à ces démonstrations.

Je m'efforce pourtant de décrire, sans retenue, sans gêne ou honte, ce qu'il se passait dans mon crâne. Je voudrais tant que ceux que j'ai servis prennent la mesure de mon engagement et que mes actes, qui étaient certes illégaux voire dignes de la pire racaille, n'étaient que le fruit de cette alchimie générée par ce magma bouillonnant de liberté, d'autonomie, d'abandon et de désir de servir, baignant dans un contexte où il était indispensable d'avoir des policiers forts, déterminés, presque stupides, car gorgés de suffisance et d'autonomie...

La ligne

À Bruno M.

Tout au long de ces années, je n'ai évolué que dans le monde que je m'étais créé et qui n'existait que durant ces longues nuits passées dans cet habitacle d'automobile où régnait une odeur de sueur et d'envie de bien faire.

Le matin venu, ce monde s'éclipsait pour laisser vivre les gens honnêtes, les flics droits et les jolis principes qui n'avaient aucune place dans ma vie nocturne.

Bien éloignés, trop éloignés de la réalité de ce que je vivais et de ceux que je fréquentais, lesdits principes nous auraient gênés, embarrassés et empêchés même d'œuvrer conformément aux buts que nous nous étions donnés.

Je n'ai rencontré que des personnes étranges comme des spectres, bizarres tels des hologrammes n'apparaissant que la nuit qui, évidemment, aimaient vivre dans le monde qui était le mien. Des êtres dont le mode de vie n'a absolument rien à voir avec celui que monsieur X et madame Y vont adopter pour avancer tranquillement dans leur petite maison de banlieue.

De ces types de vie qui épargnent ces familles qui jamais ne sauront ce que seuls les flics savent, ce que seuls les flics ont senti, touché et que je ne veux plus jamais savoir...

Ces fantômes bien réels qui, par leur présence, bien que souhaitée par peu de gens, me convenaient et paradoxalement m'apportaient beaucoup.

Je ne suis pas réellement en mesure de décrire mes sentiments par rapport à eux, par rapport à ceux que je combattais. J'ai cru les détester, j'ai pensé les haïr pour mieux les comprendre ensuite, et même avoir parfois de la compassion pour ces gens contre lesquels je me battais, que j'emprisonnais ou qui tentaient de m'occasionner des blessures lourdes, voire irréversibles, pour se sauver ou réussir leurs méfaits.

Ne respecte-t-on pas son adversaire, son ennemi, à force de le combattre ?

Ne s'installe-t-il pas une sorte de fascination entre les flics et les voyous ?

Si cette fascination existe, je sais aujourd'hui qu'elle n'est qu'unilatérale, des flics pour les voyous et certainement pas l'inverse.

Partant de là, on peut expliquer certaines choses, on peut tenter de donner des pistes, des orientations à des phénomènes qui plaisent et inquiètent à la fois le non-initié et passionne le journaliste avide de sensationnel.

Lorsque l'on vit dans un milieu hostile, la meilleure façon pour continuer à y évoluer, et même s'y sentir à son aise, est de s'y adapter.

L'adaptation n'est-elle pas la faculté d'adhérer et de s'accoutumer à des choses, des situations ou à des individus qui pourtant n'étaient à priori non acquis, voire inconnus ?

Indéniablement, c'est cela auquel chaque flic va être confronté, que chaque poulet va être amené à vivre.

L'adaptation reste le maître-mot de ce métier car pour pouvoir survivre, le flic va devoir s'habituer à vivre des moments et des situations que peu de gens souhaiteraient connaître.

Le flic doit se différencier du voyou. Cela reste une évidence.

Le flic doit se placer dans une attitude diamétralement opposée à celle qu'occupent les voyous. Cela reste un postulat.

Des mots et des phrases qui hantent les rédactions de presse et les bureaux ministériels mais qui s'étiolent rapidement dès lors que l'on s'approche d'un commissariat. La pratique n'étant évidemment pas aussi nette que la théorie, et notamment dans des quartiers où personne ne semble plus aller, hormis les gens de l'éducation nationale et les flics, où face à des infractions que seuls la magouille, les arrangements et les diverses combines vont permettre d'élucider.

Alors il va falloir que j'aille chercher mes mots je ne sais où pour raconter, pour expliquer ces choses abstraites que peu de flics vont avouer. Je vais aller trouver mes mots dans mon vocabulaire et j'ignore, à ce stade de mon récit, si je vais y parvenir.

Car il va falloir doser, il va falloir peser chacun de ces mots pour que mon propos ne soit pas interprété, repris et déformé pour ne devenir que l'inverse de ce que je veux démontrer.

Je n'ai pas peur, je n'ai aucune crainte à dire, à relater ces faits et à détailler les mécanismes de ce qui a coûté des carrières, ce qui a valu à de véritables flics les foudres d'une administration bien ignorante de ce que je raconte et de bien d'autres choses aussi.

Les verdicts sont tombés lourdement en emportant les têtes de quelques hommes qui pensaient servir une société qui ne comprend absolument rien à leur métier et se range, dans sa majorité, dans le postulat et l'évidence détaillés ci-dessus.

N'est-ce pas beaucoup plus facile?

Je souhaiterais me placer modestement dans la peau de celui qui va dire et expliquer comment on devient le flic que j'ai été et surtout comment on peut se retrouver dans un étau judiciaire dont les mâchoires de métal vont nous broyer sans que l'on puisse comprendre pourquoi. Aux yeux du grand public, il n'existe que des mauvais flics ou des flics corrompus lorsqu'un des leurs a failli, lorsqu'il a mis la main dans un engrenage et s'est laissé tenter à prendre ce qu'il ne devait pas toucher. Mais ils existent bien d'autres choses qui vont faire qu'un flic ne va pas correspondre à ce que sa fonction initiale déterminait.

S'il faut reprendre une expression souvent utilisée par la presse, je parlerais de ligne, de ligne blanche ou jaune, qui sépare les flics des voyous ou du moins qui établit une barrière entre les méthodes de flics et celles des voyous.

Mais rien n'est aussi clair, aussi limpide.

Je fais une nouvelle fois référence à cette évidence et ce postulat que j'ai développés plus haut et j'interroge les donneurs de leçons dont les mots deviennent des armes lorsqu'ils sont écrits ou dits devant des caméras de télévision. Très souvent ces gens-là ne connaissent rien à ce métier si particulier ou alors pensent, pour avoir étudié dans un amphithéâtre ou avoir côtoyé certains flics souvent hauts placés et donc bien éloignés de la base abandonnée dans des quartiers miteux, détenir la science infuse et pouvoir juger des flics dont les pratiques se sont rapprochées de cette fameuse ligne.

Leurs assauts deviennent terribles et dévastateurs mais ont-ils mesuré la portée de leurs propos et écrits?

Cette fameuse ligne qui n'existe pas ou uniquement dans la tête des gens dont je viens de parler moi, je l'ai connue, je l'ai approchée et même allègrement franchie. Comme je l'ai écrit ci-dessus, pas dans des faits qui peuvent être qualifiés sur le plan pénal de vol, de corruption active ou passive, mais dans des pratiques qui, bien que condamnables, s'avéraient incontournables.

Mes précédents chapitres en font état et ce que je relate peut paraître surréaliste, disproportionné mais n'est

que le reflet d'une situation dans laquelle j'ai évolué et
que j'assume.

Comment frayer du côté des quartiers défavorisés,
comment côtoyer des voyous, qui ne connaissent du
respect que celui qui les concerne et que vous leur
devriez, alors qu'ils en ignorent tout son sens dès lors
qu'il faudrait qu'il en usent à vos égards, sans se salir,
sans se contaminer ?
Je me suis souvent interrogé sur ce fait-là et j'ai immédiatement trouvé la réponse en m'adaptant rapidement
à ces milieux et ces personnes hostiles.

Alors je vais poursuivre mon récit pour raconter
comment un flic parfaitement adapté à un environnement a su être plus qu'efficace avec des moyens inexis-
tants et des ordres putatifs.
Je vais fouiller encore dans mon crâne pour vous dire ce
qu'il a fallu que je sois, ce qu'il a fallu que je fasse pour
servir correctement la société et ma hiérarchie obnubilée
par leur déroulement de carrière.

Barrettes

À Didier B.

Quelques véhicules ont été abandonnés là, parfois seulement pour la nuit mais souvent pour finir leur vie dans une casse locale dont la dépanneuse viendra les retirer sur une réquisition de la police municipale.

Je ne saurais dire pourquoi mais cette voiture grise, pourtant bien stationnée sur ce petit parking du super-marché, attire mon regard, elle suscite mon attention et tient mon instinct de flic en éveil.

Je l'observe depuis l'habitacle de notre véhicule, je contemple les agissements de son unique occu-pant, je ne manque pas un geste, je ne rate aucun de ses mouvements.

Mais il ne reste jamais longtemps seul, d'autres voitures s'approchent de manière régulière vers lui et, après un bref échange par les fenêtres, repartent plus rapidement qu'à leur arrivée.

Je laisse donc quelques clients s'approvisionner sans prendre même la peine de les interpeller. Ce soir nous sommes deux et il sera déjà formidable de coincer ce dealer.

Tant pis pour les simples consommateurs, ils fumeront leur joint alors que leur fournisseur finira la nuit dans une cellule.

Il faut faire un choix et je viens de faire celui-là, celui de laisser de simples usagers de produits stupéfiants faire leur sale marché.

Quatre voitures viennent de stopper à sa hauteur. Il aura fait au moins ses transactions et je suis maintenant certain de découvrir un peu d'argent liquide qui pourra nous permettre de l'accrocher plus facilement sur le deal.

Il faut maintenant s'assurer que ce revendeur de shit ne pourra pas se débarrasser de sa matière au moment où nous lui sauterons dessus.

Alors nous effectuons un rapide repérage des lieux que nous connaissons bien par ailleurs et répétons verbalement la manière dont nous allons placer notre voiture pour éviter qu'il ne prenne la fuite.

Nous n'avons aucune envie d'entamer une course-poursuite en ce début de nuit et l'affaire s'annonce si alléchante et si facile qu'un départ en trombe de cet individu serait considéré comme un véritable échec.

Alors, tels les chasseurs, nous restons encore à l'affût, planqués dans notre tanière à attendre le moment que nous jugerons opportun pour faire ce flag.

Nous laissons encore passer quelques minutes puis, ne pouvant plus maîtriser mon impatience je décide, de manière dictatoriale, de passer à l'action.

Lentement, dans un premier temps, je déplace ma voiture vers l'objectif qui n'est plus qu'à quelques mètres pour la lancer ensuite à vive allure vers notre lieu d'intervention.

Le dealer n'a pas le temps de réagir, pas le temps non plus de démarrer son moteur et encore moins la latitude de s'extraire de son véhicule et de partir en courant.

Je place le nez de ma voiture contre sa portière, il est surpris et bloqué.

Maladroitement et avec l'énergie du désespoir, il tente de dissimuler une sacoche de type «banane» sous son siège. Son geste provoque mon sourire.

Je suis encore au volant lorsque mon collègue a jailli pour se jeter sur notre homme.

J'effectue une marche arrière, range ma voiture à proximité et reviens très vite sur place. Le dealer est maîtrisé, déjà menotté et, comme à l'accoutumée, il interroge ses interpellateurs sur le motif de leur intervention. Mon ami ne répond pas.

Je laisse Laurent faire une palpation de sécurité sur l'individu qui n'a pas cessé de contester son arrestation en remettant en cause notre violence supposée.

Les insultes habituelles ne tardent pas à arriver, ainsi nous sommes de nouveau, comme si c'était inéluctable, qualifier de fascistes, de cowboys dont le seul fait de porter une arme nous donnerait le courage nécessaire pour l'interpeller. Il ne cesse pas de nous provoquer, puis s'adressant à moi, il m'invite à lui retirer ses entraves afin que nous puissions mesurer notre capacité à se battre, à mesurer notre courage.

Je sais que, dans cette affaire, j'ai assez de matière et d'éléments pour l'accrocher autrement et, cette fois, je ne m'abaisserai pas à accepter son invitation.

Celui-là ne doit pas me connaître car les revendeurs autochtones savent qu'il ne faut pas me chercher, qu'il est déconseillé de me provoquer sur ce terrain-là, je reste d'habitude enclin à accéder à ce type de proposition.

En effet, me rouler par terre avec un dealer ne me pose aucun problème, je dirais même que cela ne me déplaît pas de les rosser et surtout lorsqu'ils le sollicitent.

Je n'aime pas leurs attitudes, j'ai horreur de leur arrogance et de leur sentiment d'impunité.

Je ne donne donc pas la réplique à cet homme dont le sort est d'ores et déjà bouclé et c'est derrière les barreaux qu'il pourra trouver un adversaire, mais je doute qu'il soit, dans cet univers carcéral, aussi déterminé à en découvrir un.

Très vite, alors que le dealer est maintenu par Laurent, je me penche sous le fauteuil du conducteur et y découvre la fameuse sacoche banane que nous avons eu le temps d'apercevoir. Sous les yeux de ce dernier, j'ouvre la sacoche et d'un regard je l'interroge. L'odeur âcre de la résine de cannabis emplit subitement nos narines. Elle semble récente et les fragrances se dispersent bien vite, malgré les films alimentaires qui emballent les multiples barrettes. Je ne peux les dénombrer, je ferai le décompte plus tard mais déjà une idée vient de me traverser l'esprit.

La réponse est celle que nous attendions : « C'est quoi ? Je sais pas à qui c'est !!! C'est pas à moi ! »

L'argument est tellement stupide et lancinant dans ce type d'interpellation qu'il ne parvient même plus à provoquer notre hilarité.

J'effectue une rapide fouille de la voiture, elle sera confirmée par les enquêteurs durant leurs investigations.

Nous regagnons le siège de notre service afin de présenter notre interpellé aux services de quart de nuit.

Il sera placé en garde à vue durant la nuit.

La mise à disposition est faite et notre boxeur d'opérette va se reposer sur un banc de ciment froid. Il ne proteste plus et lorsque je le place dans la cellule après lui avoir retiré les menottes, je constate qu'il ne me fait plus la proposition de se mesurer « entre hommes » comme il disait.

Il va rapidement rejoindre le fond de la cellule sans croiser mon regard, de peur sans doute que je lui fasse, à mon tour, la même invitation.

Plus la même atmosphère, plus de passants potentiels qui auraient pu non seulement venir le secourir ou tout au moins lui servir de témoins, plus de courage non plus…

Il se recroqueville sur lui-même sans croiser mes yeux, je regagne notre bureau.

Laurent est installé au bureau, il a commencé la rédaction du procès-verbal d'interpellation.

Alors qu'il s'active à la « bécane », je verse le contenu de la sacoche sur le bureau et commence à faire le détail des barrettes et des billets de dix et vingt euros qu'elle contenait.

L'odeur est envahissante, je referme la porte derrière moi et donne même un tour de clefs.

Je place mes mains dans l'énorme tas de barrettes conditionnées et disperse encore plus la matière pour réellement en mesurer la quantité. Je conserve dans les mains quelques échantillons et les joints en un petit fagot composé de vingt barrettes.

– Ça c'est pour moi! Prise de guerre! Dis-je en m'adressant à mon collègue.

Il ne relève, il ne s'oppose à ma saisie improvisée.

Alors je rajoute :

– C'est pour les tontons, il y a bien longtemps qu'on leur a rien refilé, faudrait pas qu'ils aillent bosser avec d'autres collègues plus généreux! »

Immédiatement, je range mes barrettes dans la poche de ma veste…

La nuit se poursuit et nos différents contrôles d'identité ne nous ont pas permis de procéder à une autre interpellation. La première nous a donné satisfaction, même si je reste un peu frustré de ne pas avoir écrasé la gueule de ce jeune homme comme il le souhaitait d'ailleurs.

La nuit se termine et j'aperçois, en regagnant le vestiaire, notre interpellé dans le fond de sa cellule, au fond de son désarroi.

Ses yeux sont humides, son sourire a disparu et son arrogance ne semble ne jamais avoir existé.

Il est pitoyable et je mesure malgré tout, à cet instant-là, la misère dans laquelle il évolue, la solitude et l'incompréhension qui sont désormais ses compagnes.

Je dépose mon blouson portant l'inscription POLICE dans mon armoire métallique, je conserve mon arme à la ceinture et attrape avant de fermer mon placard, le fagot de barrettes de résine de cannabis.
Je ne peux laisser cette matière-là, je l'emporte avec moi sans mesurer l'ampleur de mon geste. Cela fait tellement partie de ma vie !
Je n'ai tellement pas l'impression de me trouver, à ce moment-là, de l'autre côté de la ligne blanche. Je suis même certain que ce que je fais est « normal ».
D'ailleurs, cette pratique ne m'a-t-elle pas été enseignée par les anciens ?

Le moteur de ma voiture démarre, je vais rejoindre mes draps propres et blancs et je déposerai, dans mon tiroir de table de nuit aux côtés de mon arme et de mes menottes, cette matière stupéfiante que je distribuerai dès demain à mes indics pour améliorer mon efficacité…

Mon patron, lui, sera satisfait de voir mes interpellations augmenter, jamais il ne se posera la question de savoir comment je peux obtenir des renseignements, comment je fais pour être un interlocuteur privilégié de ces gens qui habituellement nous détestent.
L'hypocrisie et la politique de l'autruche semblent être enseignées dans les écoles supérieures de la

Police Nationale, elles sont même devenues un mode de management.

L'odeur emplira le tiroir, la chambre et mes songes et je trouverai facilement le sommeil sans m'interroger sur ces méthodes, sans me soucier de ce qu'il pourrait m'arriver, sur ce qu'elles pourraient engendrer.
Je suis intouchable. Je suis un flic, un flic de BAC…

Obéissance

Aux dociles

Il était évident que le seul fait d'appartenir à une institution, à un corps constitué comme est la Police Nationale me soumettait à un devoir d'obéissance sans possibilité de raisonner ou d'interpréter ce qui m'était ordonné.

Les structures figées et les organisations hiérarchisées, que j'avais connues jusqu'alors, ne m'avaient pourtant pas donné l'envie d'embrasser une carrière en leur sein, mais il m'apparaissait bien difficile de faire le métier que j'aimais sans appartenir à une telle institution régalienne. C'est donc avec une certaine vision de ce que je voulais y faire et de ce que je voulais y être que j'embrassais la destinée d'un flic, un flic de terrain, je précise.

Dès les premiers jours, il m'était difficile d'obéir scrupuleusement aux ordres et autres préconisations, il m'était souvent donné de me confronter à des instructions que je trouvais débiles et qui l'étaient d'ailleurs. Je ne parvenais pas à accepter les structures établies, les passe-droits et les privilèges dont bénéficiaient certains, eu égard à leur position dans l'organigramme. Je ne tolérais donc pas que bon nombre d'incompétents ou de policiers n'ayant jamais mis un pied sur le terrain pouvaient être considérés, par des journalistes ou par la haute hiérarchie, comme des références d'un sujet qu'ils ignoraient. Ces derniers étaient souvent les instructeurs de jeunes flics comme je l'étais et la matière qu'ils étaient censés nous offrir leur avait depuis bien longtemps échappée, sans qu'ils ne cherchent à la retenir, c'est-à-dire sans qu'ils demandent à retourner là d'où ils n'auraient jamais du partir, du terrain !

C'est donc à ces gens-là que j'ai été contraint, au début de ma carrière, d'obéir non sans difficulté.

Docile je n'ai jamais été, discipliné à peine plus et du mot sagesse je n'en connais toujours pas la définition.

Comment ai-je donc pu être accepté à un concours durant lequel nous étions convoqués devant un jury constitué d'un psychologue, d'un commissaire de police et d'autres membres dont j'ai oublié le titre et la pseudo-légitimité, de décider de l'avenir professionnel d'une jeune femme ou d'un jeune homme tétanisé par tous ces yeux qui le scrutaient et le jugeaient ?

Ai-je dissimulé mes intentions de désobéir, me suis-je fait passer pour celui que je n'étais pas ou alors ai-je profité d'une carence d'un jury ?

Je suis incapable de répondre à cela !

Mais tant pis pour eux! J'étais passé aux travers des mailles d'un filet et ce dernier me révéla très vite que mon cas n'était pas unique et cela me rassurait plutôt.
Certains, d'ailleurs, ne passaient pas la première semaine dans une école de police et remettaient rapidement leur démission pour revenir à une vie civile où, finalement, il fallait aussi obéir à d'autres impératifs et obligations, dès lors que l'on acceptait les règles de vie de notre société.
Mais moi j'étais là, dans cette police qui avait certainement pensé recruter un jeune homme qui allait se plier aux règles essentielles de son fonctionnement.
Mon avenir allait donc être compliqué!

Le devoir d'obéissance…
C'est un terme qui m'a toujours intrigué, il a toujours contribué à développer chez moi une réflexion et une inquiétude même.
Alors, évidemment, je n'ai été flic que durant une période où j'ai eu l'énorme chance de ne pas connaître les heures sombres de notre histoire et il est plus aisé d'être flic de nos jours qu'à cette époque si torturée, période où les flics étaient confrontés à des dilemmes auxquels personne ne souhaiterait faire face.

Mais ce devoir me posait des questions existentielles, des cas de conscience même et à peine ai-je pu évoluer de manière autonome dans la rue que j'oubliais instantanément cette nécessité. Je me moquais des ordres stupides et des remontrances éventuelles de mes supérieurs.
Je me sentais alors très bien dans ma peau de flic et j'appliquais «à ma sauce» les règles, règlements et lois,

en fonction de ce que je pensais et non de ce que je devais, et surtout en prenant en considération l'impact de l'infraction commise sur le trouble à l'ordre public qui était généré et la portée de la sanction que j'étais à même d'infliger.

C'est, comme je l'ai précédemment précisé, comme cela et uniquement de cette manière-là, que je voulais et ne pouvais faire mon métier, ce métier que malgré tout j'aimais plus que tout.

Devoir le faire différemment m'aurait acculé beaucoup plus rapidement à la démission. Elle n'interviendra, dans la douleur, que bien plus tard, lorsque la police me supprima cette latitude en tentant de me transformer en un fonctionnaire lobotomisé bien incapable d'avoir la capacité d'analyse précitée.

J'étais donc un policier indiscipliné, un flic têtu auquel on ne pouvait faire faire que ce qu'il avait décidé et de la manière qu'il le souhaitait.

Ni fier, ni honteux, je vois cela aujourd'hui avec un recul et une hauteur nécessaire à l'analyse et à l'introspection qui va me permettre de poursuivre ce récit, à cette intrusion dans ce crâne policier.

Le devoir d'obéissance ne m'a jamais perturbé réellement, j'avais réussi à m'en accommoder pour parvenir, à une certaine période de ma carrière, à l'oublier totalement.

Mes années de Brigade Anti-Criminalité n'ont pas été bouleversées par ce devoir, pas perturbées par cette nécessité de répondre par un fait à une directive.

L'autonomie et la liberté acquises faisaient de moi un électron libre dans une galaxie structurée, dans une police pourtant bien hiérarchisée et réglementée.

Je mesure, pour être totalement honnête, la chance dont j'ai bénéficié et les différents paramètres qui m'ont permis d'être ce que j'ai été et de faire ce que j'ai fait. A contrario, lorsque tout cela s'est amenuisé pour finalement disparaître, j'ai également pris la mesure de ce que j'étais contraint de devenir et de perdre.

L'obéissance pour être un fonctionnaire de police… La désobéissance pour être un flic…

Bar de nuit

À Philippe R.

Les visages sont ternes en cette nuit d'été. L'équipage est constitué de trois hommes dont moi. Nous ne sommes pas des enfants, certainement pas des enfants de chœur et pourtant ce qui plombe l'ambiance n'est pas un véritable problème, à peine un désagrément et encore…

Mais nous sommes préoccupés par cela, contrariés même, car il nous semble que l'objet de nos tourments peut nous empêcher de travailler, d'œuvrer pour la paix publique. Nous ne parvenons pas à nous y résigner et le manque d'efficacité supposé est bien le résultat de nos sales caractères et non pas de cette broutille qu'est l'absence de notre voiture habituelle de patrouille.

Nous ne tournerons donc pas en grosse berline puissante ce soir, nous devrons nous contenter de cette minuscule citadine bien incapable de m'accueillir sur les sièges arrière sans une manœuvre de contorsionniste que je ne suis évidemment pas et que l'absence de souplesse de mon corps va m'empêcher de faire aisément. Néanmoins, les tentatives s'avèrent efficaces et le siège arrière parvient à accueillir mon derrière sans trop de difficultés.

Mais l'étroitesse de l'habitacle et le manque de confort de cette voiture ne provoquent nullement le rire de mes collègues et pas plus le mien d'ailleurs.

C'est donc un autre que moi qui sera le maître du volant ce soir, c'est rare que je ne sois pas à la place du chauffeur mais piloter cet engin ne me passionne pas et mon sale caractère ne m'autorise pas à faire des concessions.

Je cède donc le cerceau sans difficulté en me réfugiant sur cette minuscule banquette arrière, en râlant sur la lenteur des ateliers administratifs qui tardent à nous restituer notre jouet.

La nuit peut commencer mais elle s'annonce compromise du moins dans son ambiance et dans le contenu des conversations qui vont emplir l'habitacle.

Il en faut peu pour nous contrarier, nous sommes capricieux comme des enfants gâtés et pourtant le lieu où nous exerçons, comme nos conditions de travail, n'ont rien pour provoquer nos états d'âme ou développer nos envies de luxe. Le seul luxe que nous possédons est bien notre grosse voiture puissante et son éphémère disparition nous laisse au même rang que les autres flics du secteur, pauvres à mourir !

Mais la litanie des affaires courantes ne tiendra pas compte de nos émotions, elle s'étirera aussi lentement que se déplacera notre voiture, aussi durement que les affrontements qui nous attendent.

Les kilomètres sont parcourus, ils sont ponctués de multiples arrêts dans les différents quartiers et de sourires moqueurs de ces jeunes gens faisant l'objet de nos contrôles d'identité.

À chaque arrêt nous les remarquons, à chaque halte ils sont évidents et fendent les visages qui habituellement se ferment à notre arrivée.

Est-ce les difficultés qui sont les miennes pour m'extirper de cet habitacle exigu, est-ce le bruit ridicule du petit moteur ou est-ce simplement une paranoïa faite d'impressions grotesques d'être diminués par la faute de cette minuscule voiture qui provoque les rires à peine dissimulés ?

Ils nous vexent, ils nous agacent et font monter en nous une agressivité surprenante.

Des enfants... Des enfants gâtés auxquels on a retiré un jouet, leur jouet préféré !

C'est donc à une allure moyenne basse que notre nuit se poursuit, la distance parcourue ne dépassera pas les cent kilomètres, moyenne que nous parcourons chaque nuit. Elle n'en totalisera qu'une trentaine.

Les haltes et les pauses ont été nombreuses, elles nous auront servi à remplir notre cahier de doléances auprès des collègues en uniforme et même à ceux de la police municipale, sans réaliser que nos plaintes et lamentations pour une telle broutille ne parviendront évidemment pas à provoquer chez eux une once de compassion.

La liberté et l'autonomie dont nous jouissons, comme l'aura que nous dégageons, devraient suffir à anéantir toutes formes de colères dues à de telles préoccupations. Eux voudraient tant pouvoir être à notre place !

Ce n'est que sur les coups des trois heures du matin que notre station directrice nous demande de nous rendre dans un quartier que nous connaissons bien pour y avoir été de multiples fois, confrontés à la violence des gens qui y traînent. Ce n'est pas une cité, c'est un quartier du centre ville dans lequel sont présents des bars drainant des clients appartenant à la voyoucratie locale. Certaines nuits, les gérants de ces établissements oublient les dispositions légales en matière de police des bars et omettent de respecter les heures de fermeture. Ainsi les riverains, excédés par la musique qui s'échappe et par les hurlements des clients trop alcoolisés, font appel aux services de police pour faire cesser les libations immodérées de ces amateurs indisciplinés de boissons fortes et rappeler aux patrons des établissements les règles à suivre.

Mais ce soir ce n'est pas la Police-Secours qui est commandée sur ce tapage nocturne, c'est bien nous qui sommes sollicités.

Le message radio est clair et précis, la P.S n'est pas disponible et les lieux de l'intervention, d'après le requérant, semblent très agités. En clair, il faut s'attendre à ce que notre intervention dérape…

Déjà agacé par l'absence de notre voiture, la mission qui vient de nous être confiée fait monter d'un cran supplémentaire notre colère. Il s'agit bien d'une mission de Police-Secours, pas de BAC.

Malgré tout, nous nous rendons sur les lieux et il ne faut pas être devant le bar concerné par les appels pour déjà entendre le vacarme qui s'en dégage. Les décibels sont importants et troublent évidemment la quiétude des riverains dont la majorité doit se lever dans quelques heures pour aller travailler.

Nous immobilisons notre voiture devant l'entrée du bar et, afin de signaler notre présence dans le but de ramener à la raison le gérant de l'établissement, nous mettons en marche notre gyrophare dont la lumière bleue va balayer la façade vitrée et les visages des ivrognes se trouvant à l'entrée du bar.

Parfois une simple visite de courtoisie policière permet de faire cesser les dérapages mais apparemment, ce soir, nous n'aurons pas ce succès-là.

Il me paraît évident de devoir nous rendre dans le bar et de signaler, une fois de plus au gérant, qu'il est en infraction et qu'il va falloir que ces débordements ne se renouvellent plus.

Je quitte les places arrière en attrapant mon tonfa que je place dans le creux de mes reins, Laurent m'emboîte le pas, alors que Lionel aura pour mission de rester sur la pas de la porte afin de surveiller les éventuelles arrivées extérieures qui pourraient nous mettre en difficulté.

Laurent, lui, sera à mes côtés, non loin de moi, et aura une vision générale sur la salle du bar pendant que moi je m'adresserai au gérant, en tournant le dos à cette meute de sauvages alcoolisés.

Je fais entièrement confiance à mes amis, ils seront mes yeux dans mon dos.

Je me porte donc au comptoir en exhibant ma carte professionnelle, mon brassard POLICE orne mon bras droit et ma gueule ne laisse planer aucun doute sur ma profession comme sur mes intentions.

Je n'ai pas eu besoin de chercher ma motivation pour entrer, je n'ai pas eu à me préparer pour cette difficile mission, le désagrément de la voiture m'a maintenu toute cette nuit dans un état de colère avancé et sans doute il va être nécessaire dans cette intervention. Il tombe à poings nommés !

Les regards des nombreux clients se portent immédiatement sur nous. Certains crachent sur le sol en croisant nos yeux, d'autres sourient ironiquement et quelques uns ne dissimulent pas la haine qui les animent en nous insultant copieusement.

Une fois de plus nos mères sont gratifiées de tous les noms d'oiseaux et surtout ceux en rapport avec le plus vieux métier du monde.

Le milieu est hostile, l'ambiance électrique et bien que j'accorde une confiance totale à mes amis, je ne suis pas tant rassuré que ce que je le laisse croire.

Ma première tentative de héler le patron du bar reste vaine, il feint de ne pas me voir et continue d'abreuver trois clients accoudés au comptoir dont le taux d'alcool dans leur sang ferait certainement partie des records enregistrés dans notre commissariat. Ils avalent du pastis dont les effluves ont bien empli l'ensemble de la salle du bar.

Leur sueur abondante dégage un fumet abject qui ne dérange que nous.

Je renouvelle ma tentative d'appel du gérant du bar qui, profitant de la musique forte et du brouhaha ambiant, persiste à ignorer ma présence. Ma colère monte crescendo.

La clientèle présente dans ce bar est celle que nous avons déjà rencontrée ici-même. Pas des gamins, des hommes de plus de quarante ans, souvent issus de la communauté gitane des quartiers nord de la ville que par grand chose n'effraie, ne déstabilise.

Je connais la méthode qu'il faut que j'utilise pour me faire entendre, je sais comment faire pour parvenir à mes fins et ce soir je n'ai aucune difficulté pour la mettre en pratique.

Ils ne comprennent que ça et il faut que l'on se sorte de cette impasse dans laquelle nous avons été obligés de nous placer et il faut en sortir entiers et vainqueurs.

Nous sommes dans un véritable guet-apens et numériquement inférieurs. Ils ne feraient qu'une bouchée de nous si nous étions faibles et je n'ai aucune envie de me faire dévorer par ces hommes aux haleines chargées.

Alors, lentement, je porte ma main dans le creux de mes reins, je saisis mon tonfa et aperçois dans un même temps Laurent se positionner de façon plus stratégique car il sait ce que je vais faire. Il fait claquer le canon du flash-ball et le relève dans la direction des clients.

Très vite, je tape sur le comptoir avec mon tonfa, la matière dont il est constitué fait retentir un claquement sec qui fait se retourner enfin le gérant du bar.

Mais je n'ai pas terminé mon geste et, dans un mouvement latéral rapide, je brise les verres posés sur le zinc.

Le liquide anisé qu'ils contenaient se répand sur le comptoir et atteint les manches des clients accoudés là.

Mon visage est soudain déformé par la haine, je poursuis mon déferlement de violence sur ce zinc et frappe comme un fou sur les verres brisés.

Le patron est stupéfait car je l'insulte copieusement avec les mêmes mots qu'ils ont utilisés à notre encontre. Cette fois ce sont leurs mères qui en sont les cibles.

Je n'ai pas peur, je n'ai pas honte de ce que je viens de devenir, je frappe encore et me place face à l'assistance en les provoquant.

Je les insulte, je vomis ma colère sur ces hommes et sur ce patron de bar qui n'ose plus bouger.

Je sais que mon visage est déformé par la colère et il ne laisse une fois de plus aucun doute sur mes envies d'en découdre et sur ma détermination. Ils sont une vingtaine là, ils sont figés et n'osent plus parler, insulter ou cracher dans la sciure.

Les quarante yeux sont placés sur moi et je n'en manque pas un, je les croise tous les uns après les autres.

Je me retourne vers le patron et lui demande, sans aucune forme de politesse, de couper sa musique et d'inviter ses clients à partir.

Il n'hésite pas et il n'est pas nécessaire qu'il précise le chemin de la sortie à cette faune bien alcoolisée. C'est dans un silence surprenant qu'ils déguerpissent sans croiser mon regard et sans prendre la peine de régler leurs consommations.

Il ne faut pas longtemps pour que le bar se vide, pour que le calme revienne, seul le gérant est resté derrière son comptoir.

Il est livide car Laurent a fermé la porte de l'établissement afin de me laisser seul face à lui.

Il regarde mon visage haineux, il fixe mes maxillaires contractés et mon tonfa détrempé de pastis et il sait que je n'ai qu'une envie, celle de détruire son établissement.

– Si tu ne sais pas tenir un bar, on te le fera fermer ! C'est clair ? je lui lance.

– C'est bon, j'ai compris chef ! me répond le gérant effrayé.

Alors je rajoute :

– Si je me fais insulter encore une fois ici, je casse tout ! Tu as compris ?

Il ne répond pas mais fait un signe de la tête qui en dit long.

Je quitte les lieux sans autre forme de procédure, sans intention de donner une autre suite à cette affaire que celle que nous venons de pratiquer. Je sais qu'elle est bien plus efficace qu'une procédure pour fermeture tardive qui n'aboutirait évidemment pas.

Je reprends place sur l'étroite banquette arrière de cette voiture, je suis calme maintenant...

Les loups

À Laurent P.

Je vais à la chasse aux loups avec comme seule arme des pièges à mésanges...
D'ailleurs, ce n'est pas de la chasse, ce n'est pas une recherche d'un gibier avec des règles sur un terrain délimité.
Ce n'est ni plus ni moins du braconnage et je suis un piégeur patenté, un écumeur habituel en recherche effrénée de ces loups qui terrorisent nos quartiers.

Rien n'est réglementé, rien n'est élaboré, notre chasse ne se fait qu'à l'instinct, qu'au feeling et les méthodes que nous utilisons ne sont que réponses à une situation, une défense naturelle dans un environnement hostile à ce que nous sommes.
Pas de gardes-chasse, pas de barrières ou si peu que je les ignore, que je les méprise.

Il faut que je sois, il faut que je réponde de manière proportionnée à ce que je vis chaque nuit, il est impératif qu'il faut gagner, remporter la bataille contre ces ennemis, ces loups qui me dévoreraient si je baissais la garde, si je n'étais pas suffisamment fort.

Est-ce moi qui me suis donné cette mission ou est-ce que c'est elle qui s'est imposée à moi ?
Avais-je le choix, sinon de refuser d'appartenir à cette unité, de devenir ce flic braconnier ?
Aucunement…

Cela s'est fait ainsi, cela est arrivé sans que je le souhaite réellement, alors que j'étais naturellement fait pour cela. J'aime ça !

Je ne pense pas avoir manqué de respect à ces délinquants que je nomme les loups, je ne les ai pas non plus dorlotés, je les ai combattus avec les mêmes armes qu'eux-mêmes utilisaient pour refuser leur interpellation et pour nous infliger des blessures pouvant être irréversibles.
Je ne doute toujours pas que mes méthodes, qui ont été certainement celles de bon nombre de mes collègues, puissent choquer et que les révélations que j'ai écrites là puissent susciter colère, stupéfaction et envies de représailles judiciaires et administratives, mais ces détracteurs conduiront-ils leur réflexion jusqu'à l'analyse objective de ce que je vivais ?
Parviendront-ils à se placer là où j'ai été, parviendront-ils à imaginer le bruit d'un projectile tombé du haut d'un

bâtiment s'écrasant à leurs pieds, pourront-ils revivre une course-poursuite à grande vitesse et essayeront-ils de connaître les tensions rencontrées durant toutes ces nuits au contact de ces loups ?

Mais nul ne peut l'imaginer, nul ne peut entendre les détonations d'un tireur isolé s'il ne les a pas connues, nul ne peut mesurer la peur s'il ne l'a pas côtoyée…

Elle n'est pas bonne compagne mais elle est salvatrice, elle n'est pas la meilleure conseillère mais elle permet d'affûter ses armes pour se protéger, pour acquérir les réflexes indispensables pour évoluer là où j'ai travaillé.

Pas de justificatifs, pas de bonnes ou mauvaises raisons qui m'auraient poussé à agir ainsi, pas non plus de faux-semblants pour déterminer mes attitudes. Je ne recherche rien de tout cela.

Ai-je gagné la bataille ?
Ai-je été celui qui en est sorti grandi ?

Je ne parviens pas à répondre à cela sans douter du bien-fondé de ces questions et de leur utilité.
Y-a-t-il un gagnant et un perdant ?
La société a-t-elle gagné à m'avoir eu comme tel pour la défendre ?
Les délinquants ont-ils eu à perdre quoi que ce soit de mon engagement ?
Mais à quoi bon s'interroger ainsi…

J'ai été ce flic là, c'est tout !

Extincteur

À Daniel B.

C'est une longue nuit d'hiver, une nuit qui ne finit pas et qui semble même ne pas avoir de fin.

Elles sont rares ces nuits-là, mais il arrive parfois que la lassitude prenne le dessus et donne aux hommes le regard las, l'attitude nonchalante et lymphatique de celui qui n'a rien à faire là dans cette brigade.

Les températures basses ont imposé aux délinquants de ne pas sortir, de ne pas traîner au bas des bâtiments.

Le mistral glacial semble s'être mué en blizzard tout droit venu du grand nord, mais il ne transporte pas des embruns givrés du pôle terrestre, il n'est chargé que des effluves d'hydrocarbures à demi consumées provenant de ces satanées raffineries voisines.

Il fait froid dehors et l'ambiance qui règne dans notre voiture est aussi glaciale.

Je ne parle pas ou peu. Je n'ai pas envie de raconter ma dernière histoire de fesses, je n'en vois pas l'intérêt ce soir.

Ils ne seraient pas réceptifs...

Alors je conduis cette grosse voiture dans les méandres de la ville, je traverse les immenses parkings désertés en slalomant entre quelques cartons que le mistral fait promener, auquel le mistral impose des va-et-vient insensés.

Il parvient même à secouer notre grosse voiture que rien ne semble pouvoir détruire.

Elle en a tellement vu, elle en a tellement subi que ce n'est pas le mistral, si puissant soit-il, qui va détruire cette force du monde automobile.

Elle poursuit nonchalamment sa route entre les cartons et autres détritus que les clients de ce supermarché ont laissé là.

Bien que ses yeux soient fermés, il ne dort pas. Il marque son impatience à être là et à regarder en permanence les chiffres de cristaux lumineux qui semblent bloqués sur deux heures. Il tapote même ce petit écran aux chiffres colorés mais son action ne fait pas avancer le temps plus vite. Finalement, il lui concède une minute, il est deux heures une !

Je poursuis ma patrouille, je m'aventure maintenant dans le fond du parking où j'ai repéré de loin des feux de voitures qui viennent subitement de s'éteindre.

Je n'ai pas pressé plus la pédale d'accélérateur, je nous y conduis lentement en observant l'endroit concerné.

Je n'ai peu besoin d'alerter mes deux collègues, malgré leur léthargie apparente ils étaient aux aguets et ont remarqué tout comme moi la présence de la voiture dans le fond.

J'ai moi-même coupé mes feux et ai rajusté ma position dans le siège à la mousse synthétique bien élimée.

On ne se parle toujours pas, on observe.

Il n'est pas nécessaire que nous arrivions sur place pour déterminer la marque et le type de la voiture. C'est une Audi break noire et les ailes bombées font référence à la version sportive du modèle, une S4.

Trois individus sont à bord, ils portent tous trois une cagoule sur le visage.

Soudain, je mets les gaz et propulse ma voiture sur celle des trois hommes cagoulés mais il est déjà tard, ils avaient anticipé notre arrivée et leur moteur ronfle pour arracher les quatre larges de roues de leur position figée. L'engin démarre en trombe alors que nous étions tout proche et que je tentais de positionner l'avant de ma voiture contre leur proue.

La course-poursuite vient de commencer et très vite nous atteignons des vitesses folles.

Mais rien ne peut nous faire stopper, notre détermination est à son paroxysme et nous n'avons jamais réellement pris en considération les risques insensés et inutiles que nous prenions dans ces moments-là.

Mais ce soir, je suis en forme et je parviens à ne pas me laisser semer par la S4 pourtant plus puissante que notre voiture. Le pilote de l'Audi ne maîtrise pas parfaitement son engin, ce sera donc là que nous assurerons notre supériorité.

Je colle la voiture et parviens même à la toucher parfois, lorsqu'il rentre, à faible vitesse, dans un rond-point. Mais la S4 se dirige vers l'autoroute et la qualité d'un pilote ne se met pas en évidence sur ce long ruban de bitume sans courbe notable. Tout conducteur est capable de rouler à grande vitesse sur l'autoroute et s'il l'atteint, j'aurais évidemment perdu le combat.

Alors j'augmente ma pression sur les fuyards, notre klaxon deux-tons associé à mes phares doivent contribuer à déstabiliser le mauvais conducteur qui ne peut apparemment pas accélérer plus que ce qu'il le fait déjà.

Mais avant d'atteindre l'autoroute, il faut emprunter une longue ligne droite et c'est dans cette artère que je décide de passer à l'action.

Le conducteur place convenablement sa voiture et donne un grand coup d'accélérateur, les pneumatiques hurlent et dégagent une fumée de gomme carbonisée. Je suis toujours derrière, très près de son pare-choc.

Nous atteignons une vitesse de 160 km/h lorsque j'aperçois le passager arrière sortir sa tête par la fenêtre droite. Il tient dans sa main un objet que je ne peux identifier immédiatement.

De l'objet en question s'échappe un énorme nuage de poudre bleutée dont les particules grasses viennent envelopper notre voiture et se coller sur le pare-brise. Je ne vois plus rien !

Il vient de percuter un extincteur à poudre alors que nous roulions à 160 Km/h, rendant ma visibilité nulle durant quelques secondes.

Mes essuie-glaces ne peuvent décoller la poudre bleue et je récupère ma vision extérieure qu'en actionnant le lave-glace exceptionnellement approvisionné de liquide.

La S4 en a profité pour nous semer mais je ne baisse pas les bras et remets les gaz en sentant néanmoins ruisseler une goutte de sueur le long de mon dos. J'ai eu peur!

Nous atteignons maintenant l'autoroute et j'aperçois l'Audi à quelques dizaines de mètres devant moi, le conducteur est vraiment mauvais et, même sur l'autoroute, il ne parvient pas à prendre de la vitesse.

Je parviens de nouveau à lui coller au train, ma colère a décuplé.

Mais ne sait-il réellement pas conduire ou alors joue-t-il avec nous?

Il donne un violent coup d'accélérateur et maintient une vitesse que notre voiture peut tenir durant quelques centaines de mètres, il dispose pourtant de beaucoup plus de puissance que nous et nous semer maintenant lui serait facile.

Il est à quatre mètres de moi et nous roulons encore à plus de 180 km/h lorsque le passager lâche un nouveau jet de poudre bleue. Elle forme le même nuage que précédemment et je monte sur les freins pour immobiliser notre voiture.

Les pneus hurlent, je lutte pour conserver une trajectoire rectiligne et supplie pour que la S4 ne soit pas immobilisée derrière le nuage.

Je ne peux actionner mon lave-glace et mes essuie-glace tant mes deux mains sont rivées sur le volant. Les quelques secondes nécessaires à notre immobilisation durent des heures et le long crissement des pneumatiques ont résonné longtemps dans ma tête.

La S4 disparaît au loin...

La goutte de sueur coule encore le long de mon échine. Le liquide du lave-glace ne parvient pas a retirer l'épaisse couche de poudre bleue qui a tapissé l'avant de notre voiture.
La prochaine fois je serai pire qu'eux !

Je suis immobilisé sur la voie de gauche de l'autoroute, il est trois heures quinze du matin...

L'opinion

À Bernard F.

Me suis-je inspiré de ce que j'entendais autour de moi ou est-ce que mon opinion était déjà faite, formatée par une éducation basée sur le respect d'autrui et de la chose ne m'appartenant pas ?

Même s'il est encore difficile pour moi de répondre à ça, il m'apparaît clairement, qu'au plus loin que je me souvienne, je n'ai jamais été différent.

Animé depuis mon plus jeune âge pour embrasser cette profession, je n'ai finalement jamais pensé que je serai un flic passif, un fonctionnaire de police en somme, un simple spectateur d'un film dans lequel les acteurs seraient des victimes d'un système, un système que je ne maîtriserai pas.

Je n'ai jamais été le spectateur d'une situation, je n'ai jamais voulu être de ceux qui contemplent en apportant une critique souvent inadéquate mais en étant persuadé qu'ils détiennent la science infuse.

Dans la cour de l'école, dans la rue et dans la vie de tous les jours et ce, depuis mon enfance, je n'ai pu m'empêcher de prendre part, d'intervenir, voire parfois même me mêler de ce qui ne me concernait pas jusqu'à me placer dans des positions inextricables.

Aucune de ces situations ne me servaient de leçon, ne m'apportaient la sagesse indispensable à mon bien-être car mes implications volontaires engendraient systématiquement un mal-être et une réflexion sur le bien-fondé de mes actes.

Jamais je n'ai pu modérer ces ardeurs et j'ai persisté longuement à être celui qui...

Jusqu'à il y a peu, je ne prenais pas en considération les opinions des personnes qui m'entouraient ni même les préconisations de certains sages qui tentaient de modérer mes ardeurs en prévoyant pour moi une catastrophe ou à minima un incident.

Par contre, j'ai le souvenir que j'étais très attentif à ce que les citoyens, souvent non policiers, pouvaient penser de moi et de l'action des forces de l'ordre. Systématiquement impliqué et concerné dans les raisonnements que je pouvais entendre, je ne pouvais donc pas rester insensible et me faisais le défenseur de cette institution avec une pédagogie digne d'un maître de conférence devant un amphithéâtre bondé.

Je ne tolérais d'ailleurs pas les erreurs des candides qui, malgré leur méconnaissance du sujet, faisaient allègrement état de leur avis, leur opinion et même désignaient les policiers comme seuls responsables d'une inefficacité supposée, en omettant volontairement de préciser qu'ils avaient eux-mêmes voté pour des gens incapables de mettre en place une réelle stratégie de sécurité.

La police et, de manière plus large, la sécurité dans notre pays restent l'un des rares sujets sur lequel tout le pays détient un avis et le défend mordicus en construisant son paradigme sur sa propre expérience de «victime» d'abus, voire même de bavure policière, en l'étayant de ragots infondés et non vérifiés de voisins, amis ou autres.

J'exerçais donc ma mission en marge de cette population ignorante de ce que j'étais capable de faire pour les servir et me gardais bien sûr de leur dévoiler, par crainte d'être à coup sûr catégorisé de mythomane ou de débile profond, tant mon implication était importante et immodérée.

J'ai souvenir encore de longues conversation populaires, à la limite du populisme même, durant lesquelles mes interlocuteurs affirmaient qu'ils auraient aimé être à ma place pour appliquer des méthodes que je tairais, tant elles m'apparaissaient et m'apparaissent encore aujourd'hui d'une hyper-violence pouvant être classées comme des actes de tortures et de barbaries.

Faire ou refaire la police autour d'une bonne table et d'une ou plusieurs bouteilles, n'est-ce pas l'apanage d'un français en souffrance d'avoir été si longtemps abandonné et dédaigné, même par les gens qui le gouvernent ? Je ne cautionnais pas ces réflexions et en faisais d'ailleurs part à mes contradicteurs avec la même pédagogie énoncée ci-dessus.

Je réalisais en somme que malgré mes dérapages et mes attitudes relatés dans ce récit, je restais dans une modération que ne je pensais pas atteindre, tout en pensant tout de même que ma façon d'être dans la rue restait atypique et décalée par rapport à la moyenne de mes collègues.

Oscillant entre le laxisme évoqué avec virulence par les uns et la barbarie prônée par les autres, je parvenais à me conforter dans une position modérée, à l'équilibre sur la corde d'une institution qui elle-même n'en fixait pas.

Mais les opinions de la rue doivent-elles être prises en considération pour juger de son efficacité?

Certainement pas par le fonctionnaire de base appartenant à une quelconque administration qui demeure aux yeux des dirigeants de simples « soldats » d'une armée au service du pouvoir en place.

Mais il reste encore à rappeler que ces mêmes dirigeants n'écoutent plus, et ce depuis bien longtemps, les appels au secours d'une société bien malade.

Tenailles

À Olivier G.

Cette nuit-là, je me plaçai dans le fond de mon lit à une heure qui ne me convenait pas, c'est-à-dire celle des gens qui travaillent la journée, celle des diurnes.

Je ne trouvais pas le sommeil et je tournais sous ma couette jusqu'à en déranger celle qui tentait de trouver le repos physique, alors que je ne lui permettais déjà pas de trouver le repos psychologique.

C'était une nuit de congé comme d'autres ont des week-ends de repos, comme d'autres ont des jours pour faire la trêve.

Alors je quittai le lit pour me réfugier devant ma télévision avec une sensation étrange que je n'avais jamais éprouvée jusqu'alors.

Je ne peux encore la définir, j'ai du mal à la comprendre encore aujourd'hui mais j'ai conservé le souvenir d'une angoisse terrible qui m'enserrait la poitrine et rendait ma respiration difficile. Une bien étrange sensation pour celui qui était en permanence confronté à un métier difficile et à des situations périlleuses.

J'étais angoissé alors que mon cocon familial devait m'apporter une sérénité, alors que rien ne pouvait m'arriver ici.

Ce n'est pas le programme débile qui défile sous mes yeux qui m'apaise, les images se succèdent sans que je ne puisse en saisir le sens, sans que je puisse entendre un seul son.

Je suis mal à l'aise…

Ce n'est que vers les quatre heures du matin, heure à laquelle je terminais mes nuits de travail, qu'une légère fatigue fait faiblir mes paupières et me retire toute envie de me réfugier dans mon lit.

Est-ce l'habitude de me coucher au petit matin ou une chose bizarre que je ne saurais déterminer qui m'a imposé cette nuit blanche ?

Exténué, je trouve un semblant de sommeil et parviens à rejoindre le royaume des songes alors que le réveil de mon épouse vient de retentir. Il ne me réveille pas.

Trouvant une faille dans les volets pourtant bien fermés, les premiers rayons du soleil viennent danser sur mes paupières pour me ramener à la réalité. J'ouvre difficilement mes yeux encore rougis par la fatigue lorsque la sonnerie de mon téléphone me fait sursauter. La nuit ne m'a pas permis de me reposer et mon réveil est à peine moins épuisant. Sont-ils complices tous les deux et ont-ils décidé de m'anéantir ?

Je perçois une voix qui m'est familière mais je ne peux encore saisir le sens de ses mots, elle débite un long monologue sans pouvoir me laisser la possibilité de l'interrompre, au moins pour lui signifier qu'elle est encore, et, à ce stade de mon réveil, incompréhensible. Je reçois le flot de paroles et mon cerveau se met en marche péniblement, à cette heure là d'habitude je suis dans mon premier sommeil et rares sont les choses qui peuvent l'interrompre.

D'ailleurs, pourquoi n'ai-je pas coupé mon téléphone ?

Parmi les mots lancés, certaines informations frappent de plein fouet mon esprit et secouent tout mon être, bien qu'ayant encore du mal à tout assimiler, je saisis l'essentiel et viens de comprendre que cet appel téléphonique devait sans doute arriver un matin. J'espérais qu'il ne vienne jamais !

Je pensais même que je pouvais en être probablement l'objet et que cette satanée sonnerie réveillerait mon épouse dans son dernier sommeil. Mais le sort en a décidé autrement, ce n'est pas moi qui motive l'appel mais un de mes frères d'armes, un collègue, un ami.

Le sursaut provoqué par l'annonce a fini par provoquer ma lucidité et j'écoute patiemment mon interlocuteur me raconter le déroulé de cette nuit qui vient de mourir.

Ils étaient deux ce soir-là, seulement deux dans cette voiture de patrouille, cette voiture qui fonctionnait encore uniquement parce que l'administration l'avait décidé. Elle était à bout de souffle et les kilomètres affichés ne correspondaient même plus à ceux parcourus tant elle avait été bricolée, restaurée et maintenue artificiellement en vie, comme on le fait pour les êtres humains dans les hôpitaux. Des tuyaux, des liquides en guise de perfusion qui n'étaient en fait que des placebos pour nous faire croire qu'elle pouvait encore être conservée par devers nous.

Nous ne l'aimions pas, nous ne l'aimions plus. Elle avait fait son temps…

Ce n'était pas de l'acharnement thérapeutique mais simplement un acharnement mécanique.

Ils patrouillaient dans la bonne humeur, ils surveillaient ce qui pouvait encore l'être lorsque deux jeunes flics ont décidé de ne pas mesurer leur engouement, lorsque deux jeunes policiers pensent pouvoir tenir, pouvoir y parvenir.

La nuit est bien installée et la pleine lune éclaire le bitume brillant de rosée matinale, le soleil ne devrait pas tarder à l'éponger, l'assécher pour ne rendre à ces centaines d'automobiles qui vont l'écraser, qu'un goudron sale et pollué.

La grosse berline allemande est correctement stationnée mais elle attire la vigilance des deux flics. Les feux sont allumés et les deux sorties d'échappement laissent s'envoler un nuage blanchâtre qu'aucun vent ne semble vouloir emporter. Il enveloppe l'auto comme une écharpe de coton nouée autour d'un cou mais disparaît instantanément alors que la vieille voiture de police s'est approchée de la Berline.

Le coup d'accélérateur faisant bondir la voiture provoque une spirale de courants d'air qui avale goulûment cette blanche fumée.

Les gaz d'échappement sont blancs mais les cagoules des occupants de la berline sont bien noires.

La course-poursuite débute et la voiture de police ne peut donner que ce qu'elle a, c'est-à-dire pas grand chose !

Mais les deux flics ne se découragent pas, ils poussent leur moteur dans ses derniers retranchements. Les talents du pilote et le soupçon de chance qui ne nous a jamais fait défaut jusqu'ici feront le reste.

Bien que plus puissante, la berline allemande ne sème pas la voiture des flics dont les pneumatiques hurlent à chaque virage.

Le virage est proche, les flics le connaissent, ils l'appréhendent même. Il vire sur la gauche dans une courbe insolente dans laquelle toute vitesse supérieure à cinquante kilomètres à l'heure impose une sortie de route. Le bas-côté est profond et aucune barrière de sécurité ne peut retenir l'éventuelle voiture folle.

Il est passé comme il se doit et malgré l'état de leur voiture les flics parviennent à le franchir sans heurt notable.

La sortie de la courbe est pourtant bien négociée et le placement de l'auto se fait convenablement, la trajectoire enseignée a bien été respectée, la guimbarde a évité les profondeurs du caniveau latéral.

Mais l'obstruction n'est pas le résultat des erreurs de pilotage du flic conducteur mais bel et bien de la présence de la berline des fuyards au milieu de la chaussée.

Les freins trop usés et les suspensions éreintées ne permettront pas à la voiture de stopper, elle viendra percuter l'arrière sombre de la grosse berlinoise alors que simultanément un autre véhicule, sorti de nulle part, viendra prendre l'auto des policiers en tenailles pour la pulvériser.

Ils n'auront aperçu que les feux bleutés de cette dernière et auront entendu seulement le froissement des tôles et l'éclatement du carter moteur laissant se répandre les fluides qui la maintenaient encore en vie.

Le passager a pu s'extraire mais le conducteur lui n'a pas bougé. Ses yeux sont en mouvements, ils semblent essayer de comprendre, ils espèrent sans doute de l'aide mais ils ne la réclament pas.

La douleur le fait soudain hurler, la peur aussi...

J'ai quitté mon canapé qui m'a accueilli durant cette nuit abominable, je n'ai pas pris le temps de me doucher, je n'y ai même pas pensé.

J'ai roulé, j'ai avancé vite, très vite pour aller à ses côtés, pour aller là où j'aurais du être depuis bien longtemps.

La chambre est calme et le ballet des infirmières n'a pas encore commencé. Il est tôt et je n'aurais jamais dû entrer mais le personnel médical me connaît et m'a autorisé à le rejoindre.

Il est couché sur le dos et mon arrivée ne provoque pas le sourire habituel. Son visage est aussi pâle que le léger drap qui recouvre son corps dénudé, il ne bouge pas et maintient son regard collé au plafond.

Ma poitrine se serre encore et ma respiration se fait encore difficilement, cette angoisse ne m'a pas abandonné. Elle est enfin justifiée !

Je ne sais que dire, j'avance lentement vers lui en observant la totalité de son corps comme si je cherchais une blessure, une fracture. Je n'y découvre rien de cela.

Il ne bouge toujours pas et je saisis enfin sa main droite posée sur le lit, son bras longe son torse, instantanément il serre ma main sans dire un mot.

Je n'ai toujours pas parlé, je n'ai toujours pas demandé ce dont il souffre. Je suis sans doute rassuré qu'il soit encore en vie et cela me convient.

Alors, comme deux autistes incapables de communiquer, nous restons là durant de longues minutes à penser que cela devait arriver, que cela était inévitable.

Trop de risques pris, trop de vitesse, trop de tout…

Plus de chance, plus de toute-puissance et plus d'envie de poursuivre…

Seulement l'envie qu'il me parle, uniquement l'envie qu'il me dise pourquoi et comment cela s'est passé. Qu'il me dise que cela ne se passera jamais plus.

Il n'a toujours pas bougé la tête et ses yeux qui contemplent encore le plafond tentent de se caler dans le coin droit de ses paupières pour me regarder, pour me voir.

Sa nuque ne peut pivoter, je viens à peine de remarquer l'énorme collier cervical qui le maintient ainsi.

Plus tard, l'ambulance le prendra en charge pour le transporter dans un plus grand hôpital, dans une section spécialisée.

C'est là que j'apprendrai que deux de ses vertèbres sont brisées, une cervicale et une lombaire.

Il portera un corset durant toute une année. Il n'est pas passé loin de l'infirmité permanente.

J'ai regardé longuement le fronton de l'hôpital sans vraiment savoir pourquoi, sans comprendre ce que je faisais là.

Nous venons de perdre une bataille et dois-je considérer cela comme un signe prémonitoire d'une dégradation annoncée de nos victoires sur les voyous ?

Ont-ils pensé à changer la voiture ? une nouvelle nuitée s'annonce.

Je voudrais tant les retrouver…

Renfort

À Éric L.

La nuit est déjà bien entamée, nous sommes sereins et détendus tant l'affaire que nous venons de conclure nous a gratifiés, elle nous a apporté de beaux témoignages des victimes. Ainsi, nous avons le sentiment d'être sur la bonne voie, que notre action n'est ni vaine ni inadaptée.

Le sourire de cette dame vaut bien plus que toutes les médailles et lettres de félicitations que l'on pourrait me remettre, il confirme le sens de mon engagement au sein de cette Brigade Anti-criminalité.

Mais la nuit n'est pas terminée et nous reprenons la route avec l'espoir d'attraper un autre voleur, un autre bandit.

La radio crépite depuis quelques minutes mais nous n'y portons pas plus attention que cela, en effet les messages qui sont échangés ne concernent que la circonscription voisine et nous baissons le volume afin de ne pas être dérangés par le flot de paroles de nos collègues.

Nous parvenons néanmoins à comprendre que, suite à une interpellation par leurs services, ils semblent avoir du mal à parlementer avec les familles présentes et à les convaincre de quitter le commissariat dans lequel elles semblent vouloir rester et tenir un siège.

Aucun caractère d'urgence n'est évident et les propos des collègues sont calmes et pondérés.

Nous poursuivons donc notre patrouille en nous dirigeant vers une immense zone commerciale et industrielle où déjà les camions de livraison ont commencé leur ballet.

Les entrepôts s'éclairent alors que le soleil n'a pas encore pointé son nez et les flics que nous sommes ne veulent pas aller se coucher. Nous aimons ce monde, nous aimons la nuit et nous adorons notre métier.

La radio crépite encore mais le ton de la voix de l'opérateur voisin a changé, il semble inquiet.

Nous prêtons donc l'oreille en augmentant le volume et comprenons maintenant que les familles se font pressentes, même violentes.

Notre collègue précise encore qu'une multitude de jeunes gens font leur arrivée sur l'esplanade du commissariat et arrose ce dernier de projectiles divers.

La passivité première de nos collègues est en train de donner malheureusement la suite à laquelle il fallait s'attendre, le groupe est déterminé et tente de prendre le commissariat d'assaut pour délivrer leur camarade interpellé.

Nous déplorons les faits et refaisons sans aucun scrupule le schéma de notre intervention comme si cela s'était déroulé chez nous.

Mais ce que nous souhaitions par dessus tout est en train de se réaliser et l'officier responsable de district fait appel à nous afin de porter assistance au commissariat voisin. Mais le message n'est pas clair, il ne contient que des suppositions et des réserves que je n'aime pas. Il nous est précisé de rester en retrait, en attente d'une éventuelle surenchère des assaillants.

Je m'exécute et dirige notre voiture en direction de la circonscription de police concernée sans grande conviction.

Arrivés sur place, je range ma voiture sur une aire de lavage automobile située à une trentaine de mètres du commissariat. Mes feux sont éteints et la couleur sombre de notre véhicule contribuera à nous dissimuler dans cette aire déjà obscure.

Nous patientons donc là, après avoir annoncé sur les ondes notre arrivée et observons, en spectateurs privilégiés, les assauts des jeunes gens et leur détermination.

L'anonymat de la foule et les écharpes qu'ils portent sur leurs visages leur donnent encore plus de courage et de véhémence.

Les canettes de verre et les cailloux retirés du rond-point voisin frappent les murs, la toiture et les grilles du petit commissariat.

Les insultes fusent et parviennent jusqu'à nos oreilles, notre sens du corporatisme ne peut rester insensible à cela, elles font monter en nous un stress et une envie de répondre ce que notre code de déontologie nous interdit. Alors nous nous contenons...

Les jets de projectiles durent depuis plusieurs minutes quant nous sommes repérés dans l'obscurité de notre tanière. Soudain les insultes s'adressent à nous et les projectiles viennent frapper le sol à quelques centimètres de notre véhicule administratif.

Le groupe de jeunes se démobilise du commissariat et se place face à nous, en instaurant une distance de sécurité qui leur permettrait de fuir si nous décidions de les interpeller. Les insultes fusent encore et nos mères, une fois de plus, sont l'objet de toutes les attentions.

La tension dans notre voiture est montée d'un cran et nous ne supportons pas cette passivité.

Alors je saisis le combiné de la radio et appelle l'officier de district, je lui indique : « ... Il est hors de question que nous restions immobiles ici à nous faire insulter... Alors, ou on fait notre boulot, ou alors on rentre chez nous... ! »

Mon message et clair et ne laisse pas à l'officier trop de latitude. Il reste silencieux quelques secondes puis : « OK... Vous voyez... ! »

Alors lentement et fort de cet ordre, qui finalement n'en est pas un, je démarre le moteur de ma voiture pour parcourir les quelques mètres qui nous séparent du groupe d'assaillants.

Je le fais si vite qu'ils n'ont pas le temps de prendre la fuite ou pensent-ils que nous allons être faibles et que notre action sera similaire à celle de nos collègues du commissariat local.

Très vite, j'immobilise la voiture sur le parking et, sans se concerter avec mes deux collègues, nous jaillissons en maintenant fermement nos tonfa dans nos mains.

Nous n'hésitons pas et nous nous portons au pas de course face à la vingtaine d'individus dont certains tiennent encore des pavés dans les mains.

Certains d'entre eux tentent de prendre la fuite mais les trois policiers que nous sommes sont déjà sur eux et leur portent de violents coups de tonfa. Certains tombent au sol sous l'effet des coups alors que les autres partent en courant dans le sens opposé.

L'assaut est terrible de violence et de détermination. Il a aussi pour but de démontrer notre capacité à répondre à ce type d'agression et que force doit rester à la loi.

Je fonce, je tape, je hurle aussi pour impressionner mes ennemis et la peur se lit subitement sur leurs visages.

Mais il ne nous suffit pas d'en rester là et il faut en interpeller quelques uns ou au moins celui que nous avons identifié comme étant le meneur de cette troupe.

Il s'est enfui en courant vers sa cité et nous lui courrons derrière jusqu'à l'attraper.

Je hurle encore et cours sans me soucier de ce qu'il peut se passer dans mon dos.

Sans ménagement, il est plaqué au sol et menotté alors que ses compagnons d'infortune ont disparu derrière les bâtiments.

Notre intervention n'a duré que quelques minutes et le calme est revenu sur cette esplanade. Nous la franchissons en maintenant notre interpellé qui se plaint déjà d'avoir été molesté en hurlant pour tenter d'alerter ses courageux camarades qui se planquent dans leur cité. Aucun ne viendra le délivrer...

Il sera placé en garde à vue pour violences à agents avec arme par destination, outrages par paroles et par gestes et incitation à l'émeute.

Lors de sa fouille à corps, je l'interrogerai afin de connaître le lien éventuel qu'il entretiendrait avec nos mamans respectives, lien qui lui permettrait de savoir les pratiques sexuelles tarifées qu'elles pratiqueraient.

Je n'obtiendrai aucune réponse si ce n'est un regard désemparé de celui qui va recevoir une grande gifle.

Je ne la lui donnerai même pas...

Nous reprenons place à bord de notre voiture en pensant à cette intervention. Nous venons à peine de réaliser que nous n'étions que trois, eux étaient au moins vingt...

Putain de métier!

Vies brisées

À ceux qui se reconnaîtront.

Ma vie, nos vies ne sont-elles pas indéniablement marquées par notre métier, profondément calquées sur ce satané job que j'ai aimé comme j'ai été amoureux d'une de mes innombrables maîtresses ?
De toute évidence oui, car comment évoluer dans les coulisses de ce travail, qui d'ailleurs pour nous n'en était pas un, sans y laisser des plumes, sans y abandonner un morceau de soi ?

J'ai vu ma vie changer, j'ai vu ma psychologie évoluer au fil des semaines et des mois passés dans cette brigade. Comme un vulgaire morceau de métal soumis à l'attraction d'un aimant, je ne pouvais résister à ces multiples bouleversements dont j'étais l'épicentre. Je savais pourtant que mon raisonnement évoluait, je savais que je n'allais plus être celui que j'étais pour parvenir à liquider tout ce que je m'étais efforcé d'élever jusqu'alors.

J'avais connaissance à cette époque que mon maintien dans cette brigade allait me faire voir l'explosion totale de ce que j'avais mis en place auparavant mais rien ne pouvait m'y faire renoncer.

Je savais que j'étais fait pour cela !

Notre groupe était composé de neuf fonctionnaires et chacun d'entre nous voyait sa vie s'étioler, tous assistaient passivement, lâchement même, à l'anéantissement de son couple, aux carences de l'éducation de ses enfants et à la rupture d'avec une part importante des membres de sa famille et de ses amis.

Mais d'aucun n'aurait souhaité renoncer à cette affectation, nul n'aurait accepté de ne plus appartenir à cette famille qui parvenait à compter autant, sinon plus, que celle de son sang.

Cela peut paraître étrange mais c'est ainsi que j'ai constaté que tous allions laisser, dans cette aventure professionnelle, une grande partie de soi.

Le travail nocturne et dominical n'allait pas nous aider à maintenir nos couples intacts, tout comme les multiples rencontres que nous pouvions faire durant ces nuitées qui nous conduisaient parfois dans des mondes parallèles et dans lesquels nous nous sentions à nos aises.

Les autres mondes dans lesquels nous évoluions n'étaient que poudre aux yeux et autres miroirs aux alouettes aussi éphémères que dangereux.

Des espaces de vie que nous nous créions nous-mêmes ou ceux, plus tordus et moins francs, qui nous étaient imposés, de fait ou implicitement, par le système auquel nous devions faire face.

Nos facultés d'adaptation étaient très sollicitées et rapidement une sorte d'alchimie parvenait à faire de ce groupe une équipe de soldats efficaces persuadés d'avancer conformément à ce qu'ils s'étaient imposés de faire.

Mais nos vies personnelles auraient pu être épargnées si ce métier et cette fonction ne nous avaient pas autant accaparé, phagocyté.

Pourtant, sans réellement le mesurer, nous n'étions que les spectateurs passifs d'un délabrement de ce que nous avions été avant cette affectation dans ce groupe.

En ce qui me concerne, je m'étais donné pour but de démolir ce qui avait été mon socle. Mon épouse et mes enfants, nés d'un premier lit, étaient les premiers dommages collatéraux de mes bêtises.

Mais je n'étais pas le seul, et chacun d'entre nous laissait sa vie personnelle de côté pour se confondre dans un semblant d'existence que nous savions non éternelle et bien moins gratifiante que celle d'un foyer.

La rue, les voyous sont envoûtants. Ils vous emportent dans leur monde, au sein de leurs délires pour parvenir à leur ressembler, tant dans les solitudes qui sont les leurs, que dans les comportements professionnels qu'ils utilisent. J'ai ressemblé étrangement à ceux que je pourchassais et j'aimais cela. Comme attiré par un monde interdit, comme l'attirance de ce jeune enfant auquel on interdit d'accéder à cette pièce condamnée par une bien lourde porte, je n'ai pas chercher à résister à cet attrait pour ce que je combattais.

Je m'y sentais bien, j'aimais entretenir cette ambiguïté et cela emplissait pleinement ma vie jusqu'à me faire oublier ceux qui attendaient de moi tout autre chose.

Naviguer sur une ligne en résistant pour ne pas tomber du mauvais côté, entretenir des relations suspectes et interdites pour s'encanailler, en prétextant que ces contacts sont indispensables et mélanger les genres pour ne plus les dissocier en délaissant un foyer et des enfants bien incapables de comprendre ce que moi-même je ne pouvais expliquer...

Ce métier ronge ceux qui lui accordent tout leur amour, ce métier épuise les corps et les âmes de ceux qui lui ont tout consacré pour les abandonner un jour sur le bas-côté d'une route, face à son arme de service ou à la barre d'un tribunal.

Mais il était bon d'être flic !
Il était gratifiant de remplir cette mission et de vivre auprès de ceux qui aujourd'hui encore restent mes seuls vrais amis.

Pas de pardon, pas de compréhension même, seulement des interrogations auxquelles je n'ai jamais cherché à apporter des réponses.

Pas de regret non plus...

Station d'épuration

À Patrick G.

Il est deux heures du matin et un joli clair de lune inonde le bitume de sa lumière blafarde. Les pneumatiques de notre voiture frottent le goudron dans un silence étonnant qui laisserait croire, à ceux qui rêvent dans cet habitacle, que la grosse voiture flotte, vole au dessus de cet enrobé crasseux.

Mais rien ne flotte, rien ne vole et personne ne rêve ici car le quotidien ne laisse pas de place à l'évasion intellectuelle, il ramène bien vite les doux rêveurs à une réalité dangereuse, celle des voyous.

Alors on avance lentement dans des endroits calmes, dans des coins retirés où seuls les couples d'amoureux viennent s'égarer pour s'étreindre dans de petites voitures aux vitres embuées.

Parfois les voitures bougent, se balancent au rythme des envies, au rythme des bassins comme pour envoyer des signaux aux curieux potentiels, aux voyeurs qui s'impatientent de ne rien voir ni entendre.

Il sont tapis là et ragent contre ces souffles chauds qui occultent leur champ visuel et les privent d'un merveilleux spectacle de ce couple qui ne peut s'offrir une chambre d'hôtel.

C'est la nuit avec ses êtres glauques, avec ses individus étranges qui ponctuent nos heures et nous font, petit à petit, perdre pied, en oubliant qu'il existe encore une face claire opposée à ce visage abject qui s'offre à nous chaque nuit.

Nos esprits se forgent, nos corps s'adaptent pour nous muer en machines nocturnes et noctambules incapables de faire la part des choses entre ce monde de la nuit et la réalité de la journée.

Notre voiture est immobilisée pour quelques minutes et afin que nous puissions satisfaire un besoin naturel contre un mur. L'odeur et les auréoles nous confirment bien vite que nous ne sommes pas les premiers à avoir l'idée d'honorer de nos jets cette muraille.

Nous ne nous attardons pas et remontons très vite dans cette voiture dans laquelle la température ambiante est nettement supérieure à celle de l'extérieur.

À peine installés, nous remarquons un convoi de deux voitures passer devant nous. Nos feux sont éteints et la vitesse excessive des deux véhicules n'a certainement pas permis aux conducteurs de porter attention à notre présence.

Le premier véhicule est une BMW de grosse cylindrée, le second est une berline française dont la puissance du moteur est bien inférieure à celle du nôtre.

Le convoi est étrange et c'est sans hésiter que nous nous plaçons derrière lui.

Après quelques minutes d'observation, nous décidons de tester les hommes en activant nos avertisseurs sonores et lumineux. L'effet est immédiat, les deux voitures accélèrent.

Il ne fait donc plus aucun doute, les occupants de ces deux voitures refusent de se laisser contrôler, de se laisser interpeller.

La poursuite est entamée et les tentatives périlleuses, habituellement mises en place par les délinquants, sont déployées.

Coups de freins intempestifs, coups de volants rapides ayant pour but de nous percuter et autres « queues de poisson » que nous parvenons à esquiver.

La berline française sert de couvreuse, elle a pour mission d'empêcher les flics que nous sommes de nous porter au plus près de la BMW et de l'interpeller.

C'est donc elle qui contient le butin et les cartons que nous y apercevons sont indéniablement le résultat d'un casse qui vient de se produire.

Nous tenons la distance et les chevaux mécaniques de notre auto hurlent en guise de complainte que nous servons à ces voyous, comme pour leur annoncer la fin probable de leur cavale effrénée.

La route se divise et la couvreuse a bien ralenti pour laisser à l'ouvreuse la liberté de prendre de la distance.

La française nous gêne et se place systématiquement devant nous, comme pour nous empêcher de la dépasser. Elle joue bien son rôle et notre conducteur maîtrise son envie de la percuter pour l'envoyer valdinguer dans le contre-bas.

L'objectif n'est pas cette voiture mais bien l'autre qui a maintenant disparu de nos champs de vision.

La fourchette qui se présente à nous est une évidence.

La direction de fuite de la BMW ne sera pas celle de la berline française mais bien l'autre.

Nous connaissons la musique nous aussi et cet air nous est chanté toutes les nuits.

Nous collons au train de la couvreuse pour lui laisser croire qu'elle reste l'objet de nos convoitises mais au dernier moment, alors que nous sommes à la hauteur de l'intersection, nous changeons brutalement de direction abandonnant la couvreuse engagée sur une voie à sens unique et bien incapable de faire demi-tour.

Les chevaux hurlent encore et notre vitesse est excessive quant nous apercevons, au loin, les catadioptres de la BMW scintiller. Elle n'est qu'à cent mètres devant nous et son conducteur semble avoir ralenti son allure, sans doute ayant considéré qu'il nous avait semés.

Très vite nous sommes derrière lui et nos phares sont éclairés brutalement comme pour le gêner un peu plus.

Aussitôt, il réagit et remet les gaz mais il n'existe plus d'écart entre lui et nous et nous lui collons au train sans fléchir avec une hargne décuplée par les assauts de la berline couvreuse maintes fois esquivés.

J'occupe la place du passager avant et les secousses produites par la conduite sportive me font percuter les montants de la portière. Je suis énervé.

Je sors mon arme de son étui et ouvre ma fenêtre.

Sans hésiter un seul instant, je lâche un coup de feu en direction des pneumatiques de la BMW et double instantanément mon tir.

La berline fait un écart mais poursuit sa fuite.

Je rajuste mon arme et prends, cette fois, un peu de temps pour viser. Je lâche encore deux coups de feu qui vont se loger dans le bas de caisse sans atteindre le pneu.

C'est dans la foulée que je tire les deux dernières balles de mon revolver. Je ne suis pas dans un bon jour, mes six coups n'atteignent pas leur cible.

Mais notre voiture est remuée par la poursuite et je ne parviens pas à réapprovisionner mon barillet vide.

Les étuis jonchent le sol et un rechargement s'avère impossible tant je suis secoué.

Instinctivement, je saisis l'arme de mon collègue, le chauffeur.

Il ne dit mot.

C'est encore par la fenêtre restée ouverte que je tire deux coups de feu en direction de la BMW.

Cette dernière freine brutalement et s'engage dans un petit chemin sombre que même la clarté de la lune ne peut éclairer. Au bout de ce sentier, elle s'immobilise.

Le conducteur s'échappe de sa place et part en courant vers un mur tout proche. Il est haut et, courant derrière lui, je suis certain qu'il ne pourra le franchir aisément.

Je souris à l'idée de l'interpeller.

Mais mon sourire va vite s'échapper lorsque je constate que l'homme bondit, telle une gazelle, et franchit l'obstacle avec une facilité déconcertante. En un seul et unique bond, il est parvenu à se placer sur le sommet du mur puis à bondir aisément de l'autre côté.

La peur semble lui avoir donné des ailes !

À mon tour, je me présente face au mur et je dois l'escalader pour le franchir.

Je parviens à l'enjamber et à sauter également de l'autre côté. Je suis maintenant dans le noir complet, je ne vois rien, absolument rien !

Mais ma colère et mon envie d'interpeller cet homme sont telles que je ne peux me résigner à abandonner cette poursuite.

Je suis seul, mes collègues ne m'ont pas suivi, sans doute pensent t-ils que je suis capable d'interpeller un homme seul, même dans la nuit.

J'avance lentement devant moi en tâtonnant de mes pieds le sol et avec mes mains les abords, comme un aveugle sans son labrador.

Je peste à voix basse et percute du bout de mon pied droit ce qui me semble être un muret. J'estime très vite sa hauteur à vingt centimètres à peine et n'hésite pas à y monter dessus. Sans aucune crainte ni appréhension, je sautille pour franchir ce minuscule mur en préparant ma réception sur le sol.

Mais ce qui m'accueille n'est ni de terre ni de bitume, c'est une pâte molle dans laquelle je m'enfonce inexorablement jusqu'aux genoux.

La matière est meuble et gluante et les mouvements que je fais remuent ce magma encore non identifié.

Les effluves qui remontent jusqu'à mon nez sont écœurantes, c'est bien celles de la matière fécale en décomposition dans un bassin de décantation.

Je suis dans une station d'épuration, bloqué dans un bassin rempli de... merde!

Je ne bouge pas, je ne sais que faire. Je ne vois toujours rien autour de moi et soudain pense à cet individu qui prenait la fuite et qui semble lui avoir évité le bassin.

J'ai encore les deux bras perpendiculaires à mon torse, je porte encore les deux revolvers. Ils me sont bien inutiles...

J'ai franchi le mur dans l'autre sens. Mon pantalon était chargé de morceaux de matière que je n'osais encore pas retirer.

Je pue!

Mes deux collègues ne retiennent pas leur rire...

Procureur

À Jean-Pierre D.

La petite salle d'attente est silencieuse. Les quelques magazines posés sur la table basse ne m'inspirent pas, je n'en ai pas attrapé un pour le feuilleter.

Je ne parviens pas à lire, à mobiliser mon attention pour m'imprégner même d'un simple article, pour occuper mon esprit à autre chose que le motif de ma convocation ici-même.

Alors je contemple, je regarde autour de moi cet endroit austère, ces lieux pourtant chargés de tant de choses, ce lieu où tant de personnes ont été jugées, condamnées.

Le tribunal de grande instance est au centre de la ville, il occupe un vieux bâtiment auquel on a collé une structure de verre et de métal comme pour lui donner une deuxième vie en attendant un probable déménagement qui tarde à venir.

La secrétaire m'a invité à prendre place là, dans cette minuscule pièce sans porte, où je suis le seul à occuper une chaise inconfortable.

Elle n'a pas dit un mot, pas un sourire non plus. Seul son maigre bras a désigné la pièce et les chaises, j'y suis entré comme on entre dans le couloir de la mort, de la mort judiciaire ou administrative.

Je ne vais pas être jugé mais j'ignore encore si ce rendez-vous ne donnera pas lieu à des sanctions. Je le crains !

Les minutes s'étirent lentement et je ne peux détacher mon regard de cette porte sur laquelle est apposée une plaque de cuivre. J'ai lu plusieurs fois ce qui y est gravé, j'ai même compté les lettres qui composent les mots.

Il y en a trente-trois. Des majuscules et des minuscules inscrites dans une police basique, des lettres droites, raides même, comme peuvent l'être la justice et celui qui l'incarne aujourd'hui.

Monsieur le Procureur de la République…

C'est lui qui m'attend, c'est lui qui va me recevoir et c'est toujours lui qui a demandé à me voir. C'est ce que mon commissaire m'a dit mais je ne l'ai pas cru.

Je n'ignore pas que cette convocation émane bien de mon patron qui s'inquiète, sans doute, de me voir poursuivre une ascension vers la violence et des méthodes peu conventionnelles.

J'ai de bons résultats mais je pense que je suis arrivé au bout de quelque chose, à la fin d'une période dans laquelle je n'ai que trop pensé, à ce putain de métier et à mon efficacité.

Cette attente me permet d'y réfléchir et c'est bien la première fois que je m'interroge sur moi, sur mes pratiques et mes débordements.

N'ai-je pas été trop…?

Trop quoi d'ailleurs?

Trop flic…

Je lis une énième fois les inscriptions de cette porte qui refuse de s'ouvrir, qui s'entête à rester fermée.

Je voudrais tant que ce soit déjà terminé!

Pas un bruit ne rompt le silence obsédant, pas un mouvement ne brise l'immobilisme qui règne ici.

J'aperçois des silhouettes derrière des vitres et des stores vénitiens, est-ce des hologrammes ou est-ce ces fonctionnaires qui vont faire appliquer la sanction que le procureur va m'infliger?

Vais-je être puni pour ce que j'ai fait?

Vais-je subir les affres de cette autorité judiciaire que je pensais servir?

Le couperet est encore maintenu par une bien mince ficelle qui s'étiole au fil des minutes qui s'écoulent, il va tomber sur ma nuque pour tuer un flic qui a cru bien faire, qui a tant aimé son métier.

La métaphore est énorme, disproportionnée même, mais c'est ainsi que je conçois cette convocation, que je vis ma présence ici.

Je vais mourir administrativement pour avoir trop servi cette police que j'ai tant aimée…

Mais comment sanctionner un tel policier?

Comme se passer de ses services dans une telle circonscription de police?

Ne savent-ils pas que mes méthodes restent les seules encore efficaces dans cette partie du département oublié de tous ?

Mais j'ai oublié tout le reste pour me concentrer uniquement sur ce que je pensais, sur ce que je désirais. Je n'ai voulu être qu'un flic en oubliant les règles, en omettant les codes, les interdictions, les limites et l'obéissance à un ordre établi auquel je n'aurais pas dû déroger.

Je suis là, seul, face à mon destin professionnel, et c'est bien moi qui me suis tracé le chemin de ce tribunal de grande instance, le sentier de ma mise à mort.

Il n'est jalonné que de coups de feu, de coups de poings et de fragrances de carburant, de moteur chaud et de sueur comme de larmes.

Je n'ai construit que des édifices instables, que des bâtisses dans lesquelles j'étais le seul à me sentir à mon aise en entraînant avec moi des frères d'armes souvent bien dépassés par mes agissements.

Que pensent-ils de moi ?

Mais mon calvaire va prendre fin ou peut-être va t-il débuter ? Je n'ose encore relever mes yeux vers cette porte que j'ai pourtant gardée si longtemps dans mon champ de vision.

Silencieusement, elle s'ouvre, lentement elle laisse apparaître cet homme que je crains tant.

Il est là devant moi et me semble immense, tant je me sens ridicule et minuscule devant son autorité.

J'ai quitté mon siège pour me rapprocher de lui, je serre fermement la main qu'il me tend et le précède, comme il m'invite à le faire, dans ce bureau que la pénombre maintient dans une fraîcheur précaire.

Il rejoint sa place, je n'ai pas bougé et j'attends qu'il me donne l'ordre de m'installer face à lui.

Je ne suis pas à l'aise.

Lentement, je prends place sur le large fauteuil de toile noire. Je ne sais comment me positionner, me tenir. Gêné par mes mains, embarrassé par mes jambes, je ne parviens pas à maîtriser mon appréhension et mes peurs. Car c'est bien ce sentiment qui m'habite…

Quotidiennement confronté à une violence sans bornes, je ne connais pas la peur, ou plutôt je la maîtrise. Mais ici je ne suis pas chez moi, pas dans la rue et le personnage qui m'a convoqué détient suffisamment de pouvoir et d'autorité pour remettre en cause ce que je crois être légitime, ce qui fait de moi ce flic efficace qui ne connaît pas la modération.

Depuis quelques minutes, je doute de moi et de mes méthodes. N'est-ce pas elles qui m'ont conduit ici ?

Me serais-je trompé ?

Aurais-je du être différent ?

Toutes ces questions traversent mon esprit, hantent mon cerveau.

Je ne peux apporter de réponses…

Le procureur a prit place face à moi. Il ne sourit pas mais son regard ne me semble pas hostile. Il range quelques documents qui tapissent son bureau et m'adresse furtivement un sourire comme pour m'indiquer, me remercier même de patienter qu'il termine de mettre de l'ordre.

Ce sourire ne m'a pas rassuré. Je ne sais encore où placer mes mains. J'attends.

Après avoir confectionné une magnifique pile de dossiers dont l'édifice semble peu stable, le procureur de la République s'adresse enfin à moi.

Il ne s'attarde pas sur les détails qu'il juge inutiles de ma convocation, il va droit au but et entre donc sans ménagement sur mes méthodes de travail. Je n'ai pas droit à des remontrances, pas de réflexions désobligeantes non plus. Seulement un raisonnement sur les difficultés que je rencontre sur le terrain et l'accomplissement difficile de ma mission.

Il disserte donc sur un compromis qu'il sait extrêmement complexe entre les impératifs de la mission de la BAC et les limites des méthodes et attitudes conformes aux textes en vigueur.

Je sais tout cela, je ne l'ignore pas et c'est d'ailleurs pour cela que j'ai opté, ou plutôt que ma façon de travailler s'est imposée naturellement à moi. Mais elle m'a conduit dans ce bureau pour que je m'interroge tardivement sur le bien-fondé de mes actes.

Je me sens stupide, désarmé devant cet homme qui malgré tout ne me blâme pas mais dont la convocation sera évidemment lourde de conséquences dans mon esprit.

Elle viendra balayer mon sentiment de supériorité, anéantir la certitude d'être intouchable et dispersera mes idéaux que je trouve maintenant bien dérisoires, bien inutiles.

Je suis face à mes bêtises, face à cet homme « encostardé » qui vient de juger qu'il était impératif de mettre un terme à mes méthodes trop longtemps usitées.

Je suis jugé dangereux et ne correspond pas ou plus à ce que les administrations attendent de moi.

Mon monde, celui que je m'étais créé n'est plus, il vient d'être anéanti...

Ai-je encore une raison de rester dans cette brigade ?

Supporterai-je d'être confronté encore à ces voyous sans règle avec comme seules armes celles biens minables que me fournissent ces textes, ces codes et cette hiérarchie frileuse ?

Je viens de quitter le bureau feutré pour retrouver la rue, pour retrouver mes frères. Ils sont là, ils m'attendent.

Ce sont bien eux ma famille !

Je m'attable avec eux, je sirote une eau gazeuse en relatant l'entretien et le sermon, dissimulé derrière des flagorneries, que je viens de recevoir.

Je doute, je ne sais plus.

Ce soir il faudra y être, comment vais-je me comporter ?

Je suis résigné à devenir fonctionnaire, ils sourient sans cacher leurs doutes...

Ils me connaissent si bien !

Pause

À Jean-Michel G.

Il est deux heures, le mistral frappe violemment le métal de notre voiture et assèche nos visages épuisés.

Il trimbale son lot de gaz viciés, d'odeurs pestilentielles et de morceaux entiers de l'âme du Rhône.

Il a caressé la cime enneigée du mont Ventoux pour se charger de froidure cinglante qu'il viendra déposer là, sur les bâtiments crasseux, sur les faces cassées de ne pas avancer.

Il est violent mais il permet d'oublier, oublier que le nord du pays est couvert d'énormes nuages gris.

Ici il les chasse, il les repousse sans cesse pour laisser croire, comme le chante Charles Aznavour, que la misère est moins pénible au soleil.

Mais il ne transporte que du rêve, que désillusions et mensonges car la misère est autant douloureuse ici qu'ailleurs.

Le soleil viendra éclairer les murs sales et gris de ces cités, il posera sa douceur et sa clarté sur ceux qui triment, sur ceux qui ignorent tout de lui et de son origine géographique.

Peu leur importe, ici il faut survivre avec ou sans Mistral.

Le vent secoue les antennes et les paraboles suspendues aux balcons en guise de dernier lien avec des terres bien éloignées de leurs pieds et souvent de leurs souvenirs. Ils s'entassent là, ils attendent je ne sais quoi ! Ils n'espèrent rien...

Nous, nous espérons tenir, se maintenir encore un peu dans cette lourde voiture usée. Nous souhaiterions tant que ces nuits soient interminables, qu'elles nous imposent de rester ensemble encore et encore mais les meilleures choses ont une fin et il va falloir se résigner à rentrer dans deux heures à peine.

Nous allons laisser le Mistral et ses attaques, nous allons abandonner ce terrain sur lequel nous jouons, sur lequel nous sommes si bien.

La nuit a une fin, nos estomacs, eux, ont faim !

Alors, à faible allure, je me rapproche d'un établissement dans lequel nous avons nos habitudes. Un hôtel engoncé entre l'autoroute et la ligne du TGV, un petit hôtel qui abrite des couples illégitimes, des voyous errants et des représentants de commerce paumés loin de chez eux.

Un hôtel à la façade décrépie et au nom aussi surprenant qu'inadapté tant à la clientèle qu'au lieu où il se trouve ;

le California tente de conserver un panache qu'il n'a peut-être jamais eu.

Mais il est là, au bout de cette artère d'une zone industrielle déserte et balayée par le vent et la Californie demeure si éloignée de ces lieux infects.

La voiture s'immobilise dans un concert de claquements et grincements que nous feignons d'ignorer. Les entendre et les dénoncer serait une évidente condamnation à mort pour celle qui nous transporte depuis tant d'années. Elle serait récupérée par les ateliers et réformée pour être vendue sur un marché des pays de l'est ou à un ferrailleur qui la compresserait en un bien dérisoire cube de métal.

Nous persistons à croire qu'elle est, à l'instar de l'hôtel, encore belle et en bon état.

D'un pas déterminé nous avançons vers l'accueil et faisons un signe de la main à celui qui, toutes les nuits, assure la permanence. Il sourit lorsqu'il nous voit et s'empresse de venir nous ouvrir la porte de verre qui nous sépare.

Notre arrivée provoque chez ce jeune homme son hilarité, il ne dissimule pas sa joie, il ne cache pas son émotion de nous voir, de nous toucher comme si nous étions des supers héros.

Il est heureux de l'amitié que nous lui accordons et de l'importance que revêt, au moins à ses yeux, notre présence près de lui. Cela flatte son ego de flic frustré et pense collaborer avec nous chaque nuit lorsqu'il nous rapporte des informations qui ne conduiront à rien, mais que nous faisons mine d'enregistrer aux fins d'exploitation.

Il voit des bandits partout!

Il est fasciné par ce que nous sommes, par notre aisance et notre promptitude à intervenir souvent de manière virile, il aime voir le flashball et nos revolvers à nos ceintures.

Nous, nous ne sommes obnubilés que par les immenses réfrigérateurs et leur contenu. Du fromage, de la charcuterie et des pâtisseries à profusion nous attendent et nous nous dirigeons immédiatement vers les cuisines comme alléchés par des odeurs et des saveurs.

Notre repas de fin de nuit n'est pas frugal, il ressemble à ceux des orgies romaines.

Les mets sont étalés sur une table de travail et c'est dans un brouhaha incessant que nous ingurgitons des masses énormes de nourriture.

Là, aussi, nous sommes dans notre monde...

Tout nous est dû, rien ne peut nous être refusé. La BAC suscite cela aussi.

Pourquoi?

Je l'ignore mais c'est ainsi.

Je ne culpabilise pas de vider ces frigos de leurs victuailles, je ne me pose aucune question et j'avale tout ce que je peux attraper.

C'est gargantuesque, pantagruélique et ça provoque nos rires stupides et inconscients.

Où sommes-nous?

Que faisons-nous?

Est-ce normal de se sentir chez soi et d'ingurgiter, sans contrepartie, cette nourriture ?

Même dans ce domaine nos méthodes sont étranges, nos comportements décalés et nos raisonnements altérés.

Nous sommes des flics, des flics de la BAC…

Tribunal

À mon père.

La salle d'audience est bien petite pour contenir toutes les personnes qui patientent à l'extérieur du tribunal. Elles sont nombreuses et marquent leur impatience en cognant la lourde porte qui refuse de s'ouvrir, en crachant au sol et en insultant toutes les autorités qui les ont contraints d'être ici aujourd'hui en oubliant que ce n'est que la bêtise de leurs progénitures qui a engendré cette attente interminable devant les portes du tribunal de grande instance.

La police, les juges, et même les avocats défendant leurs amis, sont servis allègrement, chacun est la cible d'algarades aussi stupides qu'infamantes. Tous auront leur dose.

Nous sommes convoqués à quatorze heures au commissariat de la ville. Nous ignorons pourquoi nous devons nous y rendre avant d'aller au TGI mais c'est sans râler que nous y arrêtons notre voiture sur un emplacement réservé aux véhicules de police.

Un collègue en uniforme ne connaissant pas la voiture et se focalisant sur nos tronches patibulaires de gens de la BAC, nous interpelle en nous signifiant de déplacer notre véhicule.

Il ne nous a pas pris pour des flics.

Pas rasés, portant des guenilles et mes cheveux longs noués en queue de cheval ne nous donnent pas un aspect net et imposeraient à tout flic digne de ce nom de procéder à nos contrôles d'identité, afin d'assurer le bon ordre et la tranquillité publique.

Mais nous ne ressemblons plus à des gens honnêtes, nous en côtoyons si peu que nous sommes même persuadés qu'il n'en existe plus. Nos attitudes et nos regards sont suspicieux et envahissants. Rien ne nous échappe, pas un geste et pas une infraction, même dissimulée, ne peut se commettre sans que nous la suspections, la devinions. Nous sommes, après tant d'années au sein de cette unité, devenus des machines à interpeller, des appareils terribles au service de nos propres repères et codes.

La voiture restera stationnée là…

Dans une salle de briefing, nous sommes regroupés et mêlés à une vingtaine de fonctionnaires locaux, tous en arme et porteurs de casque et matériel de maintien de l'ordre.

Un officier fait son entrée et, s'adressant à nous trois, portant tenue bourgeoise, nous indique que les policiers en uniforme présents ici procéderont à notre escorte jusqu'au tribunal et y resteront durant l'audience pour assurer notre sécurité.

Je viens à peine de comprendre le motif de notre convocation : Nous éviter une confrontation avec les belligérants qui veulent absolument en découdre avec les flics interpellateurs des personnes devant être jugées aujourd'hui, nous...

Dix jours plus tôt, alors que des échéances électorales venaient de s'achever et allaient conduire à la mairie une équipe d'élus soulevant une vive polémique, nous interpellions quatre jeunes hommes, auteurs de violences urbaines.

Les infractions que nous avions constatées étaient des jets de cocktails Molotov sur les forces de l'ordre, des incendies volontaires de véhicules particuliers et des dégradations innombrables au mobilier urbain et de multiples choses que je n'énumérerai pas, tant la liste serait longue.

Ces individus étaient présentés au tribunal pour y être jugés après un petit séjour en maison d'arrêt pour faire redescendre la pression dans les quartiers.

Mais la pression est toujours à son paroxysme et le comité d'accueil semble performant et impatient de nous voir arriver.

Empruntant notre véhicule, nous sommes précédés et suivis par deux camions de policiers en uniforme. Les klaxons deux-tons en action et les gyrophares éclairés jalonnent notre avancée vers le TGI.

Ce cortège provoque nos rires.

Ils n'ont toujours pas bougé, ils sont encore là et tapent encore sur les portes malgré leur position ouverte. Certains sont montés sur des containers à ordures, d'autres sur des capots de voitures pour tenter de voir apparaître notre ostentatoire venue.

Nous faisons lentement notre entrée dans le parking du tribunal et constatons évidemment que les membres véhéments du comité d'accueil ont reconnu notre voiture. Sans doute l'ont-ils déjà empruntée avec les mains entravées et ont-ils posé leurs fesses sur cette banquette arrière qui a vu défiler plus de fessiers de malotrus que de belles fesses de jeunes femmes.

Très vite, ils se regroupent autour de nous mais sont dispersés par les effectifs en tenue. Maintenus enfermés dans une tortue de bouclier et d'hommes, nous parvenons à entrer dans la salle d'audience. Notre arrivée provoque un murmure qui se transforme très vite en vacarme fait de hurlements, d'insultes et de menaces.

Nous sommes toujours encadrés et conduits dans une minuscule pièce attenante pour y être isolés.

Le vacarme ne cesse pas et les rappels à l'ordre du président restent vains.

La petite porte se referme sur nos visages.

À tour de rôle, nous allons être appelés à la barre pour y témoigner sous les cris et insultes des gens présents dans la salle.

C'est à moi, c'est à mon tour d'entrer dans la salle d'audience et je le fais comme devaient le faire les gladiateurs pénétrant dans une arène bouillonnante, avec une haine mêlée à de la peur.

Je suis immédiatement reconnu par les gens venus soutenir les délinquants. Je suis connu d'eux, ils me détestent.

Le président m'invite à décliner mes nom, prénoms et qualité et je saisis la barre pour tenter de dissimuler ma colère à entendre, à recevoir une flopée d'insultes, là, devant un tribunal de grande instance.

Personne ne réagit, pas un magistrat, même pas celui du ministère public n'intervient pour faire cesser les insultes dont je suis la cible. Je passe mes nerfs sur la barre de bois en la faisant vaciller de son support.

Je me tiens droit et tourne le dos à mes ennemis, à cette foule hostile mais ils ne voient pas ce que je dissimule au creux de mes reins.

Une matraque télescopique a été placée là, depuis mon départ pour le tribunal. Elle est cachée sous ma chemise mais l'acier froid me rappelle sa présence.

Si le président du tribunal savait cela, je serais immédiatement expulsé et peut-être même condamné.

Eux, ceux qui en veulent à mon intégrité physique, ne sont-ils pas armés ? Ont-ils été fouillés ?

Mes collègues me succéderont à la barre, ils recevront aussi des insultes qui saliront leurs âmes et leurs familles mais tous nous maintiendrons la même version des faits en relatant les interpellations et en détaillant le rôle de chacun des jeunes gens arrêtés. Il ne faudra pas insister pour mettre en difficulté les arguments mensongers des jeunes et faire vaciller la stratégie de défense qu'ils avaient mise en place.

À chacun de nos passages, les hurlements fusent, les menaces personnelles ne seront jamais relevées par le président du tribunal et nous quitterons la salle d'audience avec le goût amer de l'humiliation qui marquera nos esprits sur du long terme.

Quelle étrange situation, quel étrange phénomène que celui que nous venons de vivre!
Lentement je réalise que les choses évoluent et que demain notre tâche sera bien complexe. Notre autorité agonise, celle de l'état également.
Vais-je pouvoir continuer à être un flic dans cette police-là?
Devrais-je me plier à recevoir sans rendre?
La justice est passée...

Mes plus belles années

À ma mère.

De quoi est faite une carrière ? Pourquoi est-elle belle, pourquoi s'écourte-t-elle ?

Aurais-je pu durer en travaillant ainsi, aurais-je pu continuer à être le flic que j'ai été et que j'avais tant désiré être ?

Certainement pas !

Mais au moins j'ai été un flic, un vrai flic de terrain. Pas un de ces flics qui passent des carrières entières à élimer de leurs fesses des fauteuils de velours et de leurs doigts gourds des mines de crayons.

Pas un de ces flics cachés derrière un rempart administratif, mais un flic simple, un flic habité par sa mission et son envie de bien faire.

Un flic comme les enfants les conçoivent, comme le cinéma en crée et comme les veuves ou les délaissées en pleurent.

Des années de bonheur à être dans la rue, des années de plaisir à traquer des voyous terribles et violents.

Des années qui m'ont beaucoup appris de ce qu'est l'être humain et des années qui ont forgé des liens amicaux à toutes épreuves.

Mais aussi des années difficiles pour nos corps et nos esprits. Des années durant lesquelles il a fallu tout abandonner pour ce satané métier.

Tiraillé entre un amour sans borne et une famille en attente, nous avons tous laissé des plumes et parfois même des morceaux entiers de nous.

Mais, malgré les désagréments, les inconvénients et les blessures morales et physique que nous nous sommes infligées, il n'en reste pas moins vrai que ces années ont été les meilleures de ma carrière et parfois même de ma vie. Elles ont laissé une trace, une marque indélébile dans ma tête et reviennent inlassablement dans mes propos et dans ce que je suis aujourd'hui.

Avec ce recul nécessaire que j'ai acquis, je peux regarder ce que j'ai fait sans en rougir et sans rien regretter.

Mais il est encore vrai que je n'aurais jamais souhaité être ce que j'ai été mais si je ne l'avais pas été, je ne serais pas ce que je suis...

Et je suis fier d'être ce que je suis !

Mais les époques changent, la société et les gens aussi. Sans nul doute mes méthodes de flic fonceur, de policier équilibriste sur cette ligne instaurée par les autorités n'ont plus lieu d'être aujourd'hui. Je suis dépassé, je n'ai donc plus ma place dans cette institution dont les membres ont oublié l'essence même de leur mission, le goût du service public.

Mais après tout, pourquoi la police aurait échappé à la contamination, n'aurait pas été touchée, atteinte par cette maladie qui frappe notre société entière dans ses fondements mêmes?

Cette police n'est en fait qu'une micro-société dont les membres ne sont qu'un échantillon représentatif de cette dernière.

Il fut un temps où l'on parvenait à raisonner comme un flic, à se comporter comme un flic et à agir comme tel.

Même si, de manière générale, je me suis toujours abstenu de dire à qui veut l'entendre: «Avant c'était mieux!» il apparaît nettement que ce que j'ai connu n'existe plus.

Et pourtant l'époque dont je parle et qui a motivé mon récit n'est pas une période antédiluvienne mais se situe simplement il y a moins de dix ans.

Comment, en si peu de temps, la police a pu changer?

Comment ses membres ont pu oublier d'être ce qu'ils avaient juré d'être?

Est-ce leur faute, est-ce celle de la société qui n'accepte plus que les flics soient des flics avec tout ce que cela comporte ou est-ce seulement les politiques conduites qui ont poussé cette institution dans un gouffre aux fonds abyssaux?

À mon avis, chacun est responsable de cette situation qui a engendré les départs plus ou moins connus du public de flics habités par leur métier.

Certains ont écrit, d'autres se sont insurgés, alors que tant d'autres ont abandonné la profession et ont tourné si vite cette page pour peut-être ne plus être atteints par les regrets de n'avoir été qu'un « soldat » au service d'une politique dévastatrice de ce que fut la police au moins dans la vision qu'ils s'en étaient faite.

Notre société est composée d'individualistes motivés par les ambitions personnelles et souvent au détriment de l'humain. Cette maladie a évidemment contaminé la Police Nationale pour la rendre bien différente de ce qu'elle fut.
À grands coups de réformes ineptes, d'interpellations sur-médiatisées de ceux qui l'ont servi avec une grande fidélité et de ministres déconnectés d'une réalité qu'ils ignorent, la police que j'ai eu la chance de connaître n'est plus et ne sera jamais plus.
Non pas que je pleure en faisant ce triste constat mais je m'interroge sur la capacité de cette troupe démotivée à rendre un service public de qualité, en étant convaincu qu'elle y parvient de moins en moins.

Mes méthodes, mes pratiques et mes façons d'être, que j'ai détaillées tout au long de mes écrits, ne sont plus d'actualité, ne correspondent plus à ce que l'entité virtuelle, qualifiée d'administration, souhaite et exige.
Ce fut un devoir, un geste citoyen de la quitter comme je l'ai épousée.

Je revois mes nuits passées dans cette grosse berline fatiguée, je revois le jeune flic que j'ai été…

J'ai des quantités incommensurables de choses à raconter, de situations à détailler et de blessures à panser.

Je vais conclure ce texte en étant devenu le spectateur d'une police que je n'aime plus, en tournant définitivement cette dernière page pour ne garder en tête les seuls souvenirs réjouissants d'une belle carrière.

Flic… Quel beau métier !

Métamorphoses

À mon frère Denis et ma sœur Sylvie.

Je m'interroge aujourd'hui sur ces changements qui ont bouleversé cette profession et je peux aujourd'hui les analyser pour mieux comprendre comment et pourquoi ils sont intervenus.

Plus que des changements, c'est une profonde métamorphose de ce corps d'état qui s'est mise en place pour chambouler les femmes et les hommes qui la constituent mais aussi pour transformer un service public en entreprise publique chargée de faire appliquer la politique du moins pire, faute d'appliquer celle du meilleur.

Dans un précédent ouvrage, j'ai longuement relaté ces transformations qui m'ont convaincu que je n'avais plus ma place au sein de cette police et je ne souhaite évidemment pas y revenir.

Mais il m'appartient néanmoins de dénoncer une dernière fois ce qui a métamorphosé le métier que j'ai aimé.

Pour affirmer ma position opposée, pour dire à ceux qui ne peuvent savoir et enfin aux derniers qui refusent d'admettre une évidence, je me devais de relater ce qu'était la police et ce qu'elle est devenue.

Dans mes précédentes pages, j'ai raconté, parfois de manière caustique voire ironique, la police que j'ai appliquée en étant profondément convaincu que cet état de fait ne durerait pas car bien opposé à ce que le citoyen lambda est à-même de comprendre et aux responsables politiques incapables d'assumer, notamment en cette période trouble où les clivages ne cessent de se succéder, de telles méthodes jugées non conformes à ce qu'eux-mêmes ne cessent pas de bafouer.

Il n'a pas fallu longtemps pour que ces bouleversements se voient et parviennent à changer radicalement l'institution. Quelques années auront suffi, en une courte période et sans que la « troupe » ne réagisse, pour que la police devienne ce qu'elle est aujourd'hui : incapable de répondre aux attentes des Français.

Je ne veux pas pleurer, larmoyer sur cette maîtresse que j'ai quittée, je me fais violence pour ne plus râler contre cette métamorphose qui est la seule responsable, mais il s'agit bien évidemment d'un simple fait de société ayant déstabilisé un pilier de notre République. Après tout tant pis, après tout c'est ainsi et j'ignore si aujourd'hui ils demeurent encore de vrais flics capables de travailler comme je l'ai fait. Non pas que je me situe dans la catégorie des flics exceptionnels mais seulement parce que les conditions de travail actuelles empêchent tous débordements et actes comme actions similaires aux miennes.

Coincés, culpabilisés et stigmatisés, les flics auxquels j'ai ressemblé, ont quitté l'institution ou se sont rangés, bon gré mal gré, dans les rangs des insatisfaits compatissants. Par confort, par lâcheté et en omettant la passion indispensable qu'il faut avoir pour être de ceux-là.

Les flics sont devenus des mythes, des icônes pour ceux qui déplorent leur disparition et des légendes historiques pour des jeunes «flicards» qui ne connaîtront jamais ces méthodes et sont bien incapables d'imaginer qu'elles aient pu exister.

J'ai eu une chance incroyable et chaque jour j'en prends la mesure. J'ai conscience, et ce sentiment persistera encore bien longtemps, que j'ai appartenu à cette «race» de flics qui ont empli les commissariats durant de longues années et qui ont, tels les dinosaures, disparu de la planète France.

Sans cataclysme, sans météorite, mais seulement au gré des évolutions, pas toujours nécessaires et adaptées, d'une société dont les fondements sont ceux des libertés individuelles pour lesquelles j'ai une appréhension quant à leur garantie sur du long terme.

J'ai appartenu à une police dont il faut cacher son existence, j'ai évolué dans les rangs de cette institution sans me soucier et sans réaliser ce qu'elle allait devenir.

Mais si…

À Jean-Marie R.

Voilà quelques anecdotes rédigées, quelques morceaux de ma vie de flic posés là pour raconter, pour me raconter.

Comme je l'ai précisé dans le chapitre précédent, j'affirme avoir eu beaucoup de chance de connaître ça mais il demeure évident que, dans bien d'autres domaines aussi, j'ai bénéficié d'une protection que chacun interprétera selon ses pensées générées derechef par la lecture de cet ouvrage.

Divine ou simplement pragmatique, prenant naissance dans un groupe constitué et solidaire, sans aucune faille devant la dangerosité et les autorités ou seulement découlant d'une chance inouïe.

Peu importe en somme, mais ce qui reste certain c'est que durant toutes ces années j'ai bénéficié d'une réussite formidable que je ne peux encore expliquer.

À plusieurs reprises, pour ne pas dire à chaque nuit, j'aurais pu être confronté à une situation pouvant me conduire devant un tribunal. Sans vouloir explicitement me placer du mauvais côté de la ligne jaune, animé par l'unique désir d'être efficace, l'ensemble de mes actes pouvait être condamnable ou, à minima, désapprouvé par la société et évidemment mes autorités.

Mais si cela avait dérapé, si la réussite nous avait soudainement abandonnés, que serions-nous devenus ? Mais si l'un de nous avait été blessé, voire tué, et ce suite à une action menée conformément à mes exigences, qu'aurais-je dit, qu'aurais-je fait ?

Mais si un délinquant avait été abattu, si un violent individu avait été mortellement blessé dans une action de police bien éloignée de la police conventionnelle, aurions-nous bénéficié d'un quelconque soutien ?

Je n'ai mesuré cela qu'après avoir déposé mon équipement de « baqueux » et avoir pris le recul nécessaire à l'introspection qui s'imposait.

À ce stade de l'intrusion dans mon crâne que je viens d'effectuer, je dois avouer qu'un long frisson parcourt mon dos lorsque j'envisage les conséquences auxquelles j'ai échappé et ne peux m'empêcher de faire un parallèle avec ce que les autorités d'aujourd'hui auraient mis en branle pour faire cesser mes agissements.

Il est encore évident que ce qu'est devenue la police est diamétralement opposé avec ce qu'elle fut.

Un flic comme je l'ai été ne peut plus être dans cette institution où les ambitions des uns se cachent derrière les appréhensions des autres.

Mais si les flics perdent leur âme et se muent en fonctionnaires de police bien disciplinés et respectueux des codes et des règles, que restera t-il?

Je vois dans les regards de certains lecteurs une incompréhension et de sérieux doutes quant à l'existence même d'une police irrespectueuse des règlements.

Sans doute ignorent-ils que la police que j'ai dépeinte a existé jusqu'alors et qu'il me semble encore que sa perte est à déplorer par le citoyen, comme par les flics eux-mêmes.

Seuls, les voyous profiteront des carences et de l'incapacité des forces de l'ordre à répondre à des actes violents et à des trafics qui font leurs des quartiers entiers de nos villes.

Il m'apparaît encore de préciser, si tant est qu'il faille le refaire, que je ne préconise pas le maintien d'une police aux méthodes de voyous dont l'existence serait un danger pour les bases de notre République.

Je déplore uniquement la fin de cette police que j'ai eu la chance de connaître et dont l'action était d'une efficacité redoutable et bien plus adaptée aux réels besoins de la population victime d'agissements délictueux.

Mais je savais que la tâche allait s'avérer ardue pour faire admettre aux lecteurs que les méthodes que j'ai évoquées sont nécessaires pour l'accomplissement d'une mission de police.

Je savais que j'allais me heurter à des réticences et des remontrances, je savais encore que je serais placé dans une catégorie de flics dangereux et que certains allaient, à la lecture de cet ouvrage, se satisfaire de ma démission.

Le métier de flic avait ses propres modes de fonctionnement, il n'en reste rien.

Les flics avaient des méthodes de flics mais la société ne le tolère plus. Ils auront demain des pratiques et des méthodes que je ne mettrai pas en marche et que je ne comprendrai pas.

Je n'étais pas fait pour appliquer cela.

Je n'ai honte de rien...

Coup de tête

À mes actes manqués.

C'est une de ces nuits où les gens ont décidé de se rendre tous au même endroit au même moment.

J'ignore encore pourquoi ils sont tous entassés devant le cinéma et ont constitué plusieurs files d'attente de plus de trente mètres, obligeant la queue de ces lignes humaines à patienter à l'extérieur du multiplex.

Ils ont abandonné leurs voitures sur cet immense parking, elles vont refroidir en attendant que leurs propriétaires viennent les récupérer pour s'engouffrer encore tous en même temps vers la sortie.

Des jeunes, des moins jeunes et puis des vieux patientent pour obtenir le sésame d'une salle de cinéma. Ils vont se lover dans ces fauteuils rouges pour plus d'une heure afin de s'évader de leur triste quotidien au travers d'images bleutées de la planète Pandora et de ses habitants fili-formes et écolos.

Trois salles sont dédiées à cette projection. Est-ce que ce sera suffisant ?

Ils patientent sans rouspéter, sans se disputer, comme si l'attente était une habitude, comme si attendre était leur norme.

Les files ne diminuent pas, elles sont alimentées en permanence par de nouveaux arrivants excités par l'idée d'aller assister à ladite projection.

Leur excitation n'a d'égale que mon interrogation sur leur patience et leur faculté à attendre dans le calme.

Je n'ai jamais supporté les files d'attente…

Nous avons stationné notre grosse berline à proximité des spectateurs et avons quitté l'habitacle pour les regarder s'entasser ainsi.

Appuyés sur la carcasse de métal, nous contemplons le ballet lent de ces étranges personnes. J'admire leur endurance.

Ce spectacle, faute de pouvoir se rendre virtuellement sur Pandora comme ces centaines de personnes, semble nous plaire et nous apporter une note d'humour en ce début de nuit.

Le flot s'est calmé et alors que le soleil n'est plus actif, les spectateurs ont disparu pour envahir les salles de cinéma. Nous n'avons donc plus aucune raison de rester là et nous décidons de quitter cet immense parking bondé pour se mettre en quête du bandit de cette nuitée.

Mais, depuis le fond du parking, des hurlements attirent notre attention. Un groupe de jeunes gens bruyants s'approche du cinéma et se débarrasse dans un jet puissant de divers déchets et emballages de sandwich de restauration rapide.

Les détritus viennent joncher le sol et des éclats de sauce Ketchup souillent le blanc encore immaculé d'une berline sagement stationnée.

Le groupe se rapproche dans son halo de cris et gesticulations puériles en shootant violemment dans leurs détritus, les éparpillant sur une plus grande surface. Leurs gestes idiots les amusent et la présence, au sein de cette bande, de deux jeunes filles, semble galvaniser les quelques mâles dont un en particulier, dont l'arrogance est si visible que nous la remarquons immédiatement.

La bande est maintenant à notre hauteur et le mâle dominant nous adresse un regard provocateur en crachant au sol des glaires savamment récupérées dans les profondeurs de ses narines. Le crachat vient s'écraser à quelques centimètres de nos pieds.

Immédiatement, je me porte devant cet individu et le bloque dans sa progression en lui appuyant ma main sur son torse. Je n'ai pas besoin de lui dire qui je suis, il connaît évidemment ma fonction et d'ailleurs il n'aurait jamais adressé un tel regard et un tel glaviot à quiconque. C'est bien à nous que ces provocations s'adressent, c'est bien notre qualité de flic qui est visée.

Le cracheur stoppe et me fait face. Il bombe son torse en guise d'ultime provocation et place ostensiblement ses yeux dans les miens sans sourciller et sans cligner une seule fois des paupières.

Je n'ai pas le temps de poursuivre mon contrôle et de lui préciser même son motif que je reçois en pleine face un violent coup de tête qui me fait chuter au sol.

J'ai perdu connaissance.

J'ai repris mes esprits quelques minutes plus tard alors que j'étais entouré de mes deux collègues aux visages blafards. J'étais assis à même le sol et mon nez laissait s'échapper un filet de sang qui venait s'échouer dans ma bouche bée.

Le parking du cinéma était vide et mon agresseur était en fuite. J'interrogeais mes deux collègues pour comprendre, pour parvenir à expliquer ce qu'il s'était passé.

Je ne reçus, en guise de réponse, que des remontrances sur mon inconscience et sur mes méthodes de travail.

Ils m'expliquaient les faits que je ne parvenais pas à me remémorer, ils me disaient encore comment l'homme avait réussi à prendre la fuite après son geste aussi rapide que brutal.

Je me sentais ridicule et pour une première fois perdant d'un jeu auquel j'étais habitué à jouer, un jeu dont j'avais moi-même établi les règles.

Mon nez ruisselait encore et mes idées reprenaient lentement leur place dans cette tête récemment violentée.

Je réfléchissais à ce que j'avais fait, à ce que j'étais. Les reproches de mes collègues n'étaient pas vains et je prenais note de leurs réflexions.

Pourquoi cela m'est-il arrivé ?
Pourquoi ai-je perdu cette fois alors que je n'avais jamais encore été dans le clan des victimes ?
Est-ce la fin d'une période ?

Les détritus jonchent encore le parking. Nous avons quitté les lieux avec le goût amer de la défaite et une multitude d'interrogations.

Je pense que c'est fini pour moi, il faut que je quitte cette Brigade Anti-criminalité.

Épilogue

À la Police.

Ça y est, cette fois, c'est fini ! J'ai mis sur le papier ce que je voulais y mettre en conservant par devers moi ce que j'ai voulu conserver secret et ce que mes collègues ont refusé que j'écrive.

Il est bon de dire, à ceux que cela peut intéresser, ce que vous a apporté un métier, un engagement pour peut-être expliquer ou mettre fin à des non-dits devenus trop envahissants.

Je ne peux toujours pas expliquer ce besoin de dire, de raconter ce que j'ai vécu. Certainement pas pour faire du sensationnel ou encore moins pour se targuer d'avoir été ce flic efficace aux méthodes peu conventionnelles.

Je dois reconnaître qu'écrire ces pages m'a beaucoup apporté et savoir qu'elles seront lues me donne beaucoup de satisfaction, tout en laissant une forte appréhension en ce qui concerne les jugements et les réactions qu'elles pourront provoquer.

Je n'ai pas voulu dénoncer, pas souhaité polémiquer mais simplement raconter aux flics que ce qu'ils sont devenus, ne ressemble pas à ce que j'ai été et aux autres que les policiers n'ont jamais été autant instrumentalisés qu'aujourd'hui.

Une quantité incommensurable de souvenirs et d'anecdotes emplissent ma tête, parfois ils tapent mon crâne pour en sortir et je parviens à peine maintenant à les relater.

Aux miens, à ceux et celles auxquelles j'ai occasionné des blessures parfois irréversibles, j'ai eu ce besoin de leur dire pourquoi et comment je fonctionnais lorsque j'étais flic.

Ils trouveront mon récit dérisoire, proche de la mythomanie ou carrément extraordinaire, mais y trouveront-ils les réponses à leurs questions ?

Je ferme les yeux et je vois encore défiler les images de ces nuits de patrouille, ces heures formidables durant lesquelles j'étais celui que j'avais tant souhaité être.

Je vois les visages de ceux qui m'ont accompagné, de ceux qui m'ont supporté et je ne peux les effacer de ma mémoire, je ne veux pas qu'elles disparaissent.

Je me suis aujourd'hui réconcilié avec moi-même, je suis aujourd'hui en paix avec cela mais, tel un vieux combattant, je ne cesse de ressasser ces instants intenses d'une vie de flic qui ont fait de moi ce que je suis.

D'autres questions se posent à présent.

Mais je n'y apporterai pas de réponse ; non pas que je ne les trouve pas mais simplement parce que je ne vois aucun intérêt à répondre à des questions dérisoires et sans fondement.

La police m'a beaucoup apporté, elle a donné un sens à ma vie et je pense que, modestement, j'ai donné un sens à cette unité à laquelle j'ai appartenu.

Étrangement, je ne me sens coupable de rien, bizarrement je serais plutôt fier de ce que j'ai fait et, sans larmoyer sur le sort qui semble être réservé à cette police, je sais que mon passage en son sein n'aura pas été linéaire et sans relief.

Je vais fermer cet ouvrage sur ces histoires, je vais fermer le livre de mon ancienne vie professionnelle. Les souvenirs frapperont régulièrement mon crâne pour s'en extraire, ils ne deviendront que des histoires racontées autour d'une tablée avide de sensations.

L'intrusion dans mon crâne de flic est maintenant terminée, elle va laisser la place à la réflexion et à une analyse plus ou moins profonde sur le difficile travail de ces policiers, dont certains ne parviendront jamais à croire que mon récit est bien réel.

Ça y est, j'ai déposé ce que je croyais être un fardeau, j'ai lâché ce que je pensais être un lourd secret.

Je suis serein...

Table

Dépôt légal : Février 2015
N° d'édition : 0008
N° d'impression : 116672

Achevé d'imprimer par Corlet Numérique
14110 Condé sur Noireau

607086 - Mai 2015
Achevé d'imprimer par